Hartmut Sommer
Unsterbliche Seele?

W0051571

topos taschenbücher, Band 1048
Eine Produktion der Verlagsgemeinschaft topos plus

Hartmut Sommer

Unsterbliche Seele?

Antworten der Philosophie

topos taschenbücher

Verlagsgemeinschaft topos plus
Butzon & Bercker, Kevelaer
Don Bosco, München
Echter, Würzburg
Lahn-Verlag, Kevelaer
Matthias Grünewald Verlag, Ostfildern
Paulusverlag, Freiburg (Schweiz)
Verlag Friedrich Pustet, Regensburg
Tyrolia, Innsbruck

**Eine Initiative der
Verlagsgruppe engagement**

www.topos-taschenbuecher.de

Bibliografische Information der Deutschen Nationalbibliothek
Die Deutsche Nationalbibliothek verzeichnet diese Publikation in der
Deutschen Nationalbibliografie; detaillierte bibliografische Daten
sind im Internet über http://dnb.d-nb.de abrufbar.

ISBN 978-3-8367-1048-0
E-Book (PDF): ISBN 978-3-8367-5047-9
E-Pub: ISBN 987-3-8367-6047-8

2016 Verlagsgemeinschaft topos plus, Kevelaer
Das © und die inhaltliche Verantwortung liegen bei der
Verlagsgemeinschaft topos plus, Kevelaer.
Umschlagabbildung: © ifong / Shutterstock.com
Einband- und Reihengestaltung: Finken & Bumiller, Stuttgart
Satz: SATZstudio Josef Pieper, Bedburg-Hau
Herstellung: Friedrich Pustet, Regensburg
Printed in Germany

Inhalt

Das philosophische Fragen angesichts des Todes

Angesichts des Todes eines geliebten Nächsten und zuletzt in Erwartung unseres eigenen Todes verstummt alles Geschwätz. Angstvoll stehen wir vor diesem letzten großen Geheimnis unseres Lebens und wir können nicht anders, als uns zu ihm in Beziehung zu setzen, denn der Mensch ist das Wesen, das um seinen Tod weiß. *Mors certa, hora incerta* – „Der Tod ist sicher, die Stunde unsicher."

Indem wir uns im steten Verrinnen der Zeit unserem Lebensende nähern, stellt sich uns unausweichlich die Frage, wozu uns diese Zeitspanne gegeben ist, womit wir sie erfüllen sollen, also die Frage nach dem Sinn. Zugleich stellt sich die Frage nach dem Woher und nach dem Wohin unserer Existenz.

Wir können den Tod als Endpunkt betrachten, dem nur das Nichts folgt, vor dem wir uns nicht fürchten müssen, denn „wenn wir da sind, ist der Tod nicht da, aber wenn der Tod da ist, sind wir nicht mehr", wie Epikur (341–271 v. Chr.) es lehrte. Mit Melancholie sehen wir dann, wie unser Leben allzu rasch verfliegt als ein *Sein zum Tode*. Geworfen in ein sinnloses Leben, getrieben von Angst und Sorge, bleibt uns nach der Existenzphilosophie Sartres und Heideggers nur die Möglichkeit, in diese Leere hinein unseren eigenen zu Sinn entwerfen.

Umgekehrt können wir alles *vor* dem Tod als Nichts betrachten, als flüchtig, voller Leid und Unvollkommenheit, während *der Tod ein Gut ist*, weil er Befreiung bedeutet von der *Kerkerhütte des Leibes*, vom *Unrat dieses Fleisches*, damit unsere Seele eingehen kann in das wahre Leben bei Gott. Kirchenvater Ambrosius von Mailand (339–397) etwa war dieser Auffassung. Hier klingen die neuplatonischen Lehren Plotins (205–270) an, nach denen die Leiblichkeit des Menschen Abstieg und Hindernis für die zum Geistigen berufene Seele bedeutet. Platon (428–348 v. Chr.) selbst lässt Sokrates in seinem Dialog *Phaidon* angesichts des nahen Todes durch den Giftbecher sogar den irritierenden Satz sagen: „Diejenigen, die sich auf rechte Art mit der Philosophie befassen, mögen wohl, ohne dass es freilich die anderen merken, nach gar nichts anderem streben als nur zu sterben und tot zu sein."

Und schließlich können wir unser individuelles Sein als über den Tod hinaus verstehen, als hingeordnet auf eine letzte Erfüllung in einem jenseitigen Leben, worauf wir uns in diesem leiblichen Leben vorbereiten müssen. Dieses Leben, in Einheit verstanden mit einem jenseitigen, erhält damit erst seinen Sinn, seine Würde und Verantwortungsschwere, trotz oder sogar wegen der Herausforderungen und oft genug auch Leiden, die wir darin zu bestehen haben. Unsere Leiblichkeit stellt uns in diese Welt, deren Schönheit und Fülle uns beschenkt zusammen mit der liebenden Nähe anderer Menschen, die in einem jenseitigen Leben ihre Vollendung findet durch die unbedingte Liebe Gottes.

Angstvoll also stehen wir vor diesen Fragen. Große Geister haben in der Philosophie eine Lehre gesehen, die uns zeigen kann, wie man dem Tod gegenübertritt. „Philosophieren heißt sterben lernen", lautet der Titel eines Essays von Michel de Montaigne (1533–1592). Die Gedanken der *Stoa*, etwa die *Selbst-*

betrachtungen des römischen Philosophenkaisers Marc Aurel (121–180), kreisten vor allem darum. Angesichts des Todes und der Vergänglichkeit fragte er: „Was kann uns da in unserm Innern geleiten?" Und er antwortete: „Einzig und allein die Philosophie."

Es gibt allerdings auch andere Antworten auf die Frage nach dem Tod: Einerseits solche, die auf universellen menschlichen Intuitionen beruhen, andererseits und vor allem religiöse, die aber Zustimmung zu den jeweiligen religiösen Grundüberzeugungen voraussetzen. Sie werden eingangs in Abgrenzung zu den philosophischen kurz behandelt. Dann aber wollen wir sehen, wie weit wir allein mit den Mitteln der Philosophie kommen, also mit Vernunftgründen als gemeinsamer Verständigungsbasis, „der alle beizustimmen gezwungen sind", wie es Thomas von Aquin (1225–1274) als Programm seiner großen philosophischen Werke formuliert hat. Die theologischen Lehren über den Tod werden als zusätzliche Evidenz mit herangezogen im Sinne des doppelten Weges von *fides et ratio*, also der gegenseitigen Stützung von Vernunft und Glaube.

Fragen wir nun also, ob wir begründet hoffen können: Ist der Tod nur Finsternis und Nichts oder erwarten uns vielmehr Licht und eine letzte Erfüllung?

Erster Teil

Problemaufriss und Abgrenzungen

I. Das Wesen des Todes und der Tod des Menschen

Vom Tod und seiner Unausweichlichkeit wissen wir durch das Sterben anderer Lebewesen und Menschen, aber auch durch unser eigenes Altern, mit dem wir im zunehmenden körperlichen Verfall für uns offenkundig unserem schlussendlichen physischen Verlöschen zustreben.

Rein medizinisch-biologisch gesprochen, ist der Tod eines Lebewesens das vollständige und unumkehrbare Versagen lebensnotwendiger Funktionen. Wann beim Menschen dieser Zustand endgültig eingetreten ist, kann auch mit heutiger medizinischer Kunst nur schwer bestimmt werden. Früher galt Herz-Kreislauf-Versagen als entscheidendes Zeichen, seit 1968 ist es der Hirntod. Er muss festgestellt sein, bevor Organe für eine Transplantation entnommen werden dürfen. Hierfür ein Kriterium zu besitzen war auch die Motivation für die neue Todesdefinition. Allerdings ist das Hirntod-Kriterium selbst beim Einsatz moderner Diagnosemethoden mit Unsicherheit behaftet. Der Ganzhirntod, also das Erlöschen jeder Aktivität in Großhirn, Kleinhirn und Hirnstamm, ist nur aufwändig nachweisbar. Da Bewusstseinsvorgänge mit der Großhirnrinde in Zusammenhang stehen, können sie auch dann noch vorhanden sein, wenn der Stammhirnausfall festgestellt wird, auf den sich die medizinischen Diagnosen vor allem stützen. Die schwerwiegenden medizinethischen Fragen seien damit nur angedeutet. Sie hängen auch mit der Frage zusammen, ob die Hirnfunktionen überhaupt identisch sind mit dem, was den Menschen als bewusstes Selbst ausmacht. Dies ist eine philosophische Frage, auf die wir später eingehen werden. Das Hirntodkriterium wird vor diesem Hintergrund heute kritisch diskutiert.[1]

Weitere äußere Zeichen des Todes sind der Atemstillstand, das Ausbleiben von Reflexen, starre Pupillen ohne Reaktion auf Lichtreizung, eine halbe bis eine Stunde nach dem Herz-Kreislauf-Versagen das Auftreten von Totenflecken, dann die Totenstarre und nach einigen Tagen die einsetzende Verwesung. Diese medizinischen Kriterien bleiben aber bei der Bestimmung dessen, was der Tod ist, an äußerlichen physisch-funktionalen Zeichen des Leibes bzw. des Leichnams haften. Philosophisch müssen wir tiefer fragen. Wir müssen fragen, was der Tod wesenhaft ist, was er für unsere geistige Existenz bedeutet und was ihn unterscheidet von der Zerstörung eines unbelebten Dinges und vom Tod des Tieres. Dazu gehört vor allem die Frage, ob es für uns ein Weiterleben nach unserem physischen Tod gibt.

Ohne bestimmte Antworten philosophischer Richtungen vorwegzunehmen, können wir zunächst sagen, dass der Tod den unumkehrbaren Abstieg eines Lebewesens aus der Seinsstufe des Lebendigen in die des Unbelebten bedeutet. Das, was das Lebewesen belebt, erlischt endgültig in diesem Leib, und ein Leichnam bleibt zurück, der radikal vom Leib unterschieden ist. Das gebrochene Auge des Toten ist etwas völlig anderes als das Auge, das mich anschaut und Gefühlsleben ausdrückt, lacht, weint, zürnt. Dabei können wir uns hinsichtlich der Frage, ob diese belebende Instanz neurokybernetisch, physikochemisch, vitalistisch oder geistseelisch zu verstehen ist, noch ganz offen halten.

Aber auch ohne eine solche Vorfestlegung lässt sich bestimmen, was für die Seinsstufe des Lebendigen kennzeichnend ist. Hier sind die anthropologisch-ontologischen Arbeiten von Max Scheler, Helmuth Plessner, Nicolai Hartmann und Hedwig Conrad-Martius grundlegend gewesen.

Als lebendig können wir danach ein Seiendes bezeichnen, das sich von innen her zu einer Ganzheit formt und gegen die Umgebung abgrenzt, das sich dabei über Veränderungen in Zeit und Raum sowie im Stoffaustausch mit der Welt identisch erhält (biologisch spricht man vom Stoffwechsel) und reproduziert. Pflanzen, Tiere und Menschen sind in diesem Sinne lebendig. Beim Tier und beim Menschen kommen die Vermögen zur selbstgesteuerten Eigenbewegung und zum willentlichen Einwirken auf ihre Umwelt durch Handeln und zeichenhaftes Mitteilen hinzu. Höhere Wirbeltiere und Menschen haben zudem mit Gefühlen und Bewusstsein eine Innerlichkeit, in der sich die Umwelt in inneren Zuständen spiegelt.

Schärfer gefasst können wir nun also sagen, dass der Tod dann eingetreten ist, wenn die dies bewirkende, von innen wirksame Instanz endgültig in dem von ihr belebten Körper erlischt und nur unbelebte Materie sichtbar zurückbleibt. Es gibt unterschiedliche Bezeichnungen für diese Instanz: *Entelechie* („Ziel in sich selbst habend", schon bei Aristoteles, später bei Driesch), *Aktzentrum* (Scheler), *herrschende Monade* (Leibniz), *lebender Nexus* (Whitehead) oder eben auch *Seele* sind solche Bezeichnungen, die auf entsprechend unterschiedliche Wesensbestimmungen dieser Instanz zurückgehen.

Dass diese Instanz nicht mit dem Gehirn gleichzusetzen ist, haben unter anderem die Forschungen zum Hirntod eindrücklich belegt. Vielfach hat sich gezeigt, dass auch nach dem Versagen der Hirnfunktionen offenbar etwas im Körper wirksam bleiben kann, das ihn als lebendige Ganzheit noch lange erhält. So haben beispielsweise hirntote Schwangere in mehreren Fällen über Monate ihr Kind ausgetragen und gesund zur Welt gebracht. Der amerikanische Ethikrat hat daher 2008 konstatiert: Das Gehirn sei *nicht* der Integrator der verschiedenen Körperfunktionen; vielmehr sei die Integration eine emergente Eigenschaft des ganzen Organismus.[2] Dabei zeigt die Wortwahl die Ratlosigkeit der Medizin vor diesem Phänomen, denn *Emergenz* als angenommenes plötzliches Entstehen neuer Eigenschaften eines Systems aus dem Zusammenwirken seiner Elemente ist nur ein Wort dafür, dass man diese Fakten medizinisch nicht erklären kann. Eine integrierende, zentrale Instanz muss hier weiter bestehen, denn nur so können sich die komplexen physiologischen Prozesse des Körpers zu einer organisierten Einheit zusammenschließen.

Den Tod als Verlöschen der von innen wirksamen, belebenden Instanz haben wir mit allen Lebewesen gemeinsam. Im Unterschied zum Lebendigen fehlt dem Unbelebten dieses von innen Einheit stiftende Zentrum, es wird von außen begrenzt durch angrenzendes anderes Unbelebtes, durch andere Körper, es wird durch äußere Kräfte bewegt, zerstört oder umgeformt. Sein Ende ist damit immer nur relativ. Helme werden zu Küchensieben, Schwerter zu Pflugscharen, Kanonen zu Glocken. Man kann aber auch Glocken wieder zu Kanonen gießen. Der Tod eines Lebewesens dagegen ist absolut, es ist ein unumkehrbarer Zustand. Lebendiges stirbt von innen und ist auf ein natürliches Ende, auf den Tod, wesenhaft angelegt, wenn man von gewaltsamen Vorgängen absieht.

Exkurs
Es gibt auch im Anorganischen manches, das an Lebendiges erin-
nert, wie die Kristalle und insbesondere die Flüssigkristalle. Auch
ihr Wachstum und ihre Wiederherstellung bei Beschädigungen
werden durch innere Bildungsgesetze bestimmt. Lebendiges unter-
scheidet sich jedoch grundlegend von solchen im Stoff liegenden
Formungsprinzipien, denn es ist ein „sich selbst Erzeugendes. Nicht
die Gestaltung, sondern die Selbstgestaltung macht das Leben aus.
Deshalb ist das Leben aber auch zu Ende, wo die Selbstgestaltung
aufhört. [...] Auch der Stoffwechsel ist nichts als beständige Selbst-
gestaltung."[3] Diese Abgrenzung vom Anorganischen ist im Bereich
niederer Lebensformen zum Teil schwierig. Diskutiert wird etwa
der Status der Viren, die sich des Stoffwechsels ihrer Wirte bedie-
nen, aber keinen eigenen haben. Bei höher entwickelten Lebewesen
ist die Abgrenzung von der Seinsstufe des Unbelebten eindeutig.

Wir müssen nun aber weiter fragen, was den Tod des Menschen von dem des Tieres unterscheidet. Zunächst können wir dazu rein phänomenologisch vier wesentliche Tatsachen feststellen:

- Der Mensch weiß von seinem Tod. Das Tier hat zwar dumpfe Ahnungen und Ängste, versteht aber nicht, was mit ihm passiert, wenn es stirbt. Es verdämmert und verendet.
- Der Mensch muss daher seinen Tod bewusst vollziehen. Die Sterbeforschung unterscheidet typische Phasen, beginnend mit dem Schock und der Verweigerung bei der Diagnose ei-

ner unheilbaren Erkrankung, über Zorn und Verhandeln, gefolgt von Depression angesichts der erkannten Auswegslosigkeit bis zur schlussendlichen Einwilligung.[4] Wir machen Bilanz, verabschieden uns, wollen mit uns ins Reine kommen. Noch in komatösen Zuständen ist offenbar unser sich vom Körper ablösendes Selbst damit befasst, wie entsprechende Forschungen belegen.[5] Das bekannte Wort eines fernöstlichen Weisen deutet auf diese unsere letzte Aufgabe hin: „Meine Religion besteht darin, mich auf meinem Sterbebett nicht schämen zu müssen."

– Der Mensch kann sich selbst willentlich den Tod geben, er kann das Geschenk des Lebens zurückweisen. Man muss hinzufügen: Er ist „ein Wesen, das sich töten kann und es nicht tun soll", wie der deutsch-jüdische Philosoph Paul Landsberg 1942 unter dem Verfolgungsdruck des Nationalsozialismus schrieb, zweifellos im Ringen mit entsprechenden eigenen Versuchungen.[6] Zwei Jahre später starb er an Auszehrung im KZ Sachsenhausen.

– Der Mensch kann sich opfern, also sein Leben für Ideale, für Werte und für ganz fernstehende Menschen hingeben, auch dies anders als das Tier, das nur rein instinktiv im Sinne der Arterhaltung seine Nachkommen schützt. Menschen sind fähig zur Nächstenliebe und sogar zur *Fernstenliebe* (Nietzsche).

Darin zeigt sich zugleich in besonderer Weise, was das Wesen des Menschen ausmacht: Zum Lebensprinzip und dem Seelischen, das wir mit dem Tier gemeinsam haben, kommt etwas hinzu, das Instinktiv-Vegetatives grundsätzlich übersteigt: das Geistige. Wir können es mit folgenden Wesensmerkmalen bestimmen:

– Der Mensch hat Selbstbewusstsein, kann sich also auf sich selbst zurückwenden, er weiß von sich selbst und er weiß, *dass* er weiß. Das ist etwas fundamental anderes als das vage, unmittelbar situationsbezogene Erkennen, das Menschenaffen vor dem Spiegel zeigen.[7]

– Der Mensch kann den engen Kreis der Situationen, in die er gestellt ist, überschreiten und weit darüber hinaus Zukünftiges vorausdenken und sein Handeln planen. Der Mensch „darf versprechen", hat Nietzsche gesagt. In der Tat offenbart sich damit eindrücklich die Zeit und Raum transzendierende Kraft des menschlichen Geistes, der sich als über die Zeit identisches, handelndes Ich erfährt.

– Der Mensch wird nicht vollständig bestimmt durch Triebe und Instinkte. Er kann zwischen Handlungsoptionen wählen, ja er muss es tun. Arnold Gehlen hat ihn daher auch *Mängelwesen* genannt, das Institutionen als ordnende soziale Gehäuse schaffen muss, um sich von diesem Entscheidungsdruck zu entlasten. Scheler drückt das positiv aus: „Menschwerdung ist Erhebung zur Weltoffenheit kraft des Geistes."[8]

– Der Mensch erkennt Werte und kann sein Handeln danach ausrichten. Er unterscheidet Gut und Böse. Das erstaunliche Phänomen des Gewissens tritt bei ihm auf. Es sei hier dahingestellt, ob der Zugang zu diesen Werten in einem emotional-intuitiven Akt erfolgt, als *Wertsichtigkeit* oder *Wertfühlen* nach Max Scheler und Nicolai Hartmann, oder durch Erkennen der werthaften Seinsordnung nach dem *Wertrealismus*.

– Der Mensch hat Vernunft, was etwas grundsätzlich Neues ist im Vergleich zur einfachen, auf Triebbefriedigung gerichteten Intelligenz des Tieres. Er kann *ideieren*[9], das heißt er ist fähig, durch Abstraktion Allgemeinbegriffe zu bilden, etwa die Zahl 3, ohne dabei immer drei Gegenstände gegenwärtig zu haben. Auch das Tier kann eine von drei Möhren unterscheiden, also Mengen erkennen, es hat aber nicht die Zahl 3, geschweige denn $\sqrt{3}$, 3^2 oder gar x^3. Damit erschließt sich dem Menschen die Welt des Geistes mit dem von ihm unabhängig bestehenden idealen Sein, wie es die Logik repräsentiert, die Zahl Pi oder der Satz von Euklid, demzufolge es unendlich viele Primzahlen gibt. Und schöpferisch ist er fähig, mit der Kultur selbst die Welt des objektiven Geistes hervorzubringen.

– Der Mensch fasst darüber hinaus sogar den Gedanken eines absoluten Seins, er hat das Wort „Gott". Wie Karl Rahner sagt: „Dass es dieses Wort gibt, ist allein schon des Nachdenkens wert."[10] Auch der Atheist muss diesen Gedanken zunächst haben, um ihn verwerfen zu können. Daher kann der Affe eben nicht einmal Atheist sein, wie ich humorvoll in einer Diskussion mit einem Freund anmerkte, der für sich selbst jedes Gottesverhältnis ableugnete.

Das geistige Aktzentrum, der vernünftige Wesenskern des Menschen, von dem diese Vermögen ausgehen, wird seit Boethius (5./6. Jahrhundert) auch als *Person* bezeichnet. „Persona est rationalis naturae individua substantia", schärfer also noch gefasst als individuelle und vernünftige Substanz. Auf die Frage, wie in diesem Zusammenhang *Substanz* genau zu verstehen ist, kommen wir noch zu sprechen.

Exkurs
Die Fähigkeit zur Abstraktion und die entsprechend hohe Komplexität der menschlichen Sprache sind mehr als nur graduell unter-

schieden von der Produktion gestischer Zeichen bei Menschenaffen, die immer bezogen bleiben auf die Triebbefriedigung und die unmittelbaren Gegebenheiten. Selbst die außerordentlich lernfähige Schimpansin Washoe, die 350 Zeichen der amerikanischen Gebärdensprache beherrschte, konnte nur Sätze, oder besser Zeichenfolgen, bilden wie „Bitte kitzeln" (gimme tickle) oder „komm gib" (Come gimme) als den ersten überhaupt von ihr gelernten gestischen Ausdruck.[11] Letzteres signalisiert auch bereits mein Kater, indem er sich demonstrativ neben seinem Futternapf aufbaut.

Nach der Bestimmung dessen, was den Menschen wesenhaft ausmacht, können wir wieder zu der Frage zurückkehren, was sein Tod ist. Wenn er stirbt, bleibt für uns sichtbar nur unbelebte Materie zurück, sein verwesender Leichnam (wohl unterschieden vom Leib, der ja belebt sein muss, sonst ist es kein Leib). Ist damit aber auch sein geistiger Wesenskern vergangen? Wir müssen das nicht zwingend annehmen, denn wir haben ja auch zu Lebzeiten eines Menschen die Person immer nur über leiblich vermittelte Ausdruckszeichen erschließen können. Sie ist für uns, anders als der Leib, nicht direkt wahrnehmbar. Scheler hat das eindrücklich gezeigt:

„Dass wir sie [die Person] nach dem Tod nicht sehen, besagt sehr wenig, da man sie überhaupt nicht sinnlich sehen kann. Dass Ausdruckserscheinungen nach dem Tode ausbleiben, ist daher ein Grund allein zur Annahme, dass ich die Person nicht mehr verstehen kann; nicht aber ist es ein Grund zur Annahme, sie sei nicht da. Man erlaube ein Bild: Werfe ich die Tür zu, durch deren Öffnung man eben noch eine fliegende Mücke erblickte, gewiss wird man mir dann nicht beweisen können, die Mücke befinde sich noch im

Zimmer und sei nicht eben zum Fenster hinausgeflogen. Vielleicht flog sie hinaus genau im Augenblicke, als die Tür zugeschlagen war – aber ein Grund zur Annahme, sie sei hinausgeflogen, weil ich die Tür zugeschlagen habe, besteht dann so wenig, wie aus der Länge eines Schiffsmastes das Alter des Kapitäns folgt. So kann auch die Person faktisch aufhören zu sein, wenn Ausdruckserscheinungen mangeln, sie zu verstehen. Es steht ja nirgends geschrieben, dass Personen immer fortdauern müssen; aber ein Grund, sie dauerten nicht fort, liegt im Mangel dieser Ausdruckserscheinungen nicht."[12]

Damit ist zwar noch kein positiver Beweis für das Fortleben des geistigen Wesenskerns des Menschen bzw. der Seele gegeben, es erscheint aber möglich, und wir können weiter suchen, ob wir Begründungen dafür finden.

Auch kein Beweis, doch ein Hinweis auf die Tendenz zur Fortdauer der Seele über den Tod des Leibes hinaus ist ihre dem leiblichen Verfallsprozess entgegenlaufende Tendenz zur Vervollkommnung, zu geistigem Wachstum und zunehmender seelischer Fülle, das Überschießen, wie Scheler sagt, „der geistigen Akte über das immer sterbensbereite Leben". So könne man erwarten, dass sich die Person eben auch im Tod „hinausschwinge über ihres Leibes Zerfall"[13]. Das haben die Menschen intuitiv immer schon gesehen.

II. Die intuitive Haltung dem Tod gegenüber

Die starke Intuition, dass der Tod kein Ende, keine Vernichtung bedeutet, hat der französische Nobelpreisträger François Mauriac in seinem Roman *Le nœud de vipères* literarisch ins Bild gebracht. Der Ich-Erzähler erinnert sich in einer an seine Frau gerichteten Lebensbeichte an den Tod seiner besonders geliebten und früh verstorbenen Tochter Marie:

„Wir beugten uns beide über den verfallenden Körper, unsere Hände berührten sich dabei. Als es zu Ende war, glaubtest du, ich sei gefühllos. Willst du wissen, was wirklich in mir vorging? Es ist sonderbar, dass du, die Christin, sich nicht von dem Leichnam lösen konntest. Man drängte dich zu essen, man sagte dir immer wieder, dass du all deine Kraft benötigen würdest. Aber man hätte dich gewaltsam aus dem Zimmer zerren müssen. Du bliebst neben dem Bett sitzen, tastend berührtest du die Stirn, die kalten Wangen. Du legtest deine Lippen auf die Haare, in denen noch Leben war; und manchmal fielst du auf die Knie, nicht um zu beten, sondern um deine Stirn auf die erkalteten kleinen Hände zu pressen. Pfarrer Ardouin erhob sich, er sprach zu dir von den Kindern, denen man ähnlich werden muss, um in den Himmel zu kommen: ‚Sie lebt, sie sieht uns, sie erwartet euch.‘ Du sahst auf; die Worte erreichten dich nicht, dein Glaube nützte dir nichts. Du dachtest nur an dieses Fleisch von deinem Fleisch, das beerdigt werden sollte und bereits begann zu verwesen; während ich, der Ungläubige, in dem, was von Marie geblieben war, nichts anderes sah als das, was man eine ‚sterbliche Hülle‘ nennt. Ich hatte das unabweisbare Gefühl eines Weggangs, einer Abwesenheit. Sie war nicht mehr da, das war nicht mehr sie. ‚Ihr sucht Marie? Sie ist nicht mehr hier ...‘"[14]

Diesen außerordentlich intensiven Eindruck angesichts eines Leichnams erfahren wir insbesondere bei sehr nahen, geliebten Menschen, deren geistige Person uns besonders gegenwärtig war in einer engen seelischen Verbindung zu ihnen. Wir sehen ja auch zu ihren Lebzeiten den Körper nicht als Objekt, sondern immer als beseelten Leib. Gesten und Mimik sind nicht nur Bewegungen des Körpers, sie sind leiblicher Ausdruck von etwas Geistig-Personalem, das wir darüber vermittelt wahrnehmen. Wir müssen willentlich eine objektivierende Haltung einnehmen, um das auszublenden und in den Gesten unseres Gegenübers rein physische Bewegung zu sehen. Ähnlich müssen wir bewusst die Augen eines anderen Menschen als physisches Organ wahrnehmen wollen. Üblicherweise tun wir das nicht. Treten wir mit ihm in ein zwischenmenschliches Verhältnis, so sehen wir quasi durch die Augen hindurch auf das Seelische, das sie ausstrahlen. Der tote Körper, der Leichnam, drückt nichts mehr aus. Wir spüren unmittelbar die plötzliche Abwesenheit der Person, wenn ihr Auge bricht und sich von allem Seelischen entleert, also nicht mehr Auge im eigentlichen Sinne ist. Dies ist eine außerordentlich tröstliche Erfahrung, denn wir gewinnen den Eindruck, dass die Person noch da ist, nur nicht hier, sie ist „abwesend in Anwesenheit", wie Paul Landsberg diesen starken Eindruck auf eine kurze Formel gebracht hat.[15] Es ist ein charakteristisches Zeichen moderner Angst vor der Berührung mit dem Tod, wenn man bei einem Sterbefall den Rat erhält: „Behalte ihn so in Erinnerung, wie du ihn gekannt hast." Ein schlechter Rat, weil man damit auf den letzten, wichtigen Schritt des Abschiednehmens verzichtet, denn vor dem geschlossenen Sarg bleibt einem die Erfahrung der „abwesenden Anwesenheit" versagt.

Offenbar ist diese Intuition sehr alt und hat sich bereits den frühen Menschen aufgedrängt. Hinweise auf eine Bestattungskultur mit Grabbeigaben gibt es bereits für die Altsteinzeit, also bis zu 40.000 Jahre zurückreichend. Sicher nachgewiesen sind sie für die Mittelsteinzeit.[16] Man kann also davon ausgehen, dass für den Menschen die Annahme eines Fortlebens der Toten schon sehr früh selbstverständlich war.

Heute müssen wir feststellen, dass diese intuitive Gewissheit schwindet, denn die Gegenwart des Todes ist weitgehend aus dem öffentlichen Bereich verbannt, sodass wir verlernt haben, mit Tod und Sterben umzugehen. Wir sehen eben oft nur noch den bereits geschlossenen Sarg. Philippe Ariès hat in seinen *Studien zur Geschichte Todes* diese moderne Haltung dem Tod gegenüber als den *verbotenen Tod* charakterisiert, da er zum Tabu geworden sei. Man darf das getrost auch auf die Entwürdigung des Menschen durch das moderne naturalistische Menschenbild zurückführen, demzufolge ein kranker, sterbender Mensch nichts als ein Biosystem ist, das seine systemintegrierenden Funktionen nicht mehr aufrechterhalten kann und daher in seine materiellen Bestandteile zerfällt. Das ist ein Tod, mit dem man sich nicht konfrontieren möchte, er wird verdrängt und ist nur noch ein Fall für die Medizin. Der Sterbende ist Maschinen überantwortet und geht oft genug einsam seinen letzten Weg.

Mit Gottfried Benns Gedicht *Der Arzt II* ist drastisch ins Bild gebracht, wie sich das menschliche Sterben kaum noch vom Verenden des Tieres zu unterscheiden scheint, wenn nur noch die äußeren Zeichen des körperlichen Verfalls gesehen werden:

Die Krone der Schöpfung, das Schwein, der Mensch –:
geht doch mit anderen Tieren um!
Mit siebzehn Jahren Filzläuse,
zwischen üblen Schnauzen hin und her,
Darmkrankheiten und Alimente,
Weiber und Infusorien,
mit vierzig fängt die Blase an zu laufen –:
meint ihr, um solch Geknolle wuchs die Erde
von der Sonne bis zum Mond –? Was kläfft ihr denn?
Ihr sprecht von Seele – Was ist eure Seele?
Verkackt die Greisin Nacht für Nacht ihr Bett –
schmiert sich der Greis Nacht für Nacht die mürben Schenkel zu,
und ihr reicht Fraß, es in den Darm zu lümmeln,
meint ihr, die Sterne samten ab vor Glück ...?[17]

Im Widerspruch dazu bleibt die hohe Würde des menschlichen Sterbens bestehen, mag es auch zunehmend einsam vollzogen werden. Zum Sterben gehören eine letzte Bilanz und die Versöhnung mit dem Leben als bewusste Akte eines geistigen Wesens. In manchen Fällen ist es sogar freiwilliges Opfer für Ideale, Werte und andere Menschen. Damit erhebt es sich weit über das tierische Verenden. Ich möchte dazu nur an den bekannten Märtyrertod des Priesters Maximilian Kolbe (1894–1941) in Auschwitz erinnern. Er gab sein Leben im Austausch für einen Familienvater, der vom Lagerkommandanten im Rahmen einer Willküraktion zum Tode durch Verhungern bestimmt worden war. Tagelang begleitete Kolbe die neun anderen Verurteilten im sogenannten Hungerbunker mit priesterlichem Beistand, bis er als letzter Überlebender mit einer Giftspritze ermordet wurde.

III. Paranormale Erfahrungen

Mit ihrer kultur- und zeitübergreifenden Konstanz ist die intuitive Gewissheit des Menschen, dass es ein Weiterleben gibt, nicht ohne Bedeutung. Sie könnte aber auf eingeborenem Selbstschutz, auf kollektiver Selbsttäuschung und Wunschvorstellungen beruhen. Fragen wir daher, ob sich nicht direkte, quasi empirische Belege für das Fortleben nach dem Tod finden lassen. Schließlich gab es immer Versuche, Kontakt zum Reich der Toten aufzunehmen. In den antiken Kulturen waren Totenorakel eine verbreitete Praxis der Wahrsagerei. Das Alte Testament etwa berichtet, dass König Saul (um 1000 v. Chr.) den Geist des verstorbenen Propheten Samuel durch die Totenbeschwörerin von En-Dor befragen ließ (1 Samuel 28).

Der Schamanismus hat das in hohem Maße ritualisiert. Bei den nordasiatischen Nomadenvölkern konnte man noch im letzten Jahrhundert solche bis in die Frühzeit der Menschheit reichenden Vorstellungen studieren. Die gesamte Kultur dieser Völker beruhte auf ihrer Beziehung zu den Seelen der Ahnen. Besonders eingeweihte Schamanen hatten die Aufgabe, mit ihnen in Kontakt zu treten. Darstellungen von Schamanen in Tierkostümen, wie sie bei den nordasiatischen Völkern noch im zwanzigsten Jahrhundert in Gebrauch waren, wurden in der *Grotte des Trois-Frères* in den Pyrenäen gefunden. Sie sind in der Zeit des Mittleren und Oberen Jungpaläolithikums (Magdalénien) entstanden, also in den Jahren 18.000 bis 12.000 vor Christus. Vielleicht hatten diese unsere so entfernten Vorfahren noch ein feineres Sensorium für die Signale, die uns aus dem Reich der Toten erreichen können. Beweise für spiritistische Kontakte der Schamanen haben wir jedoch nicht. Die

Ethnologie hat Belege für ihre außerordentlichen paranormalen Fähigkeiten gesammelt, sie sind aber dem Parapsychologischen zuzurechnen – so Hans Findeisen, einer der führenden Erforscher der nordasiatischen Völker.[18] Zumindest haben wir auch hier einen Beleg für die bis in die Frühzeit der Menschheitsgeschichte zurückreichende Intuition eines Fortlebens der Toten.

Gut dokumentierte Berichte aber gibt es aus jüngerer Zeit und unserem westeuropäischen Kulturkreis. Im 18. und 19. Jahrhundert hat man sich im Gefolge der Romantik besonders für das Halbdunkel des nicht rational Fassbaren interessiert. Dazu gehörten auch übersinnliche Erscheinungen und okkultistische Praktiken, um direkt in Kontakt mit Toten zu treten. Einer der bekanntesten Vertreter dieser Bewegung war der Esoteriker Emanuel Swedenborg (1688–1772). Man hätte ihn leicht als Spinner abtun können, wenn es nicht unabhängige Bestätigungen für die von ihm berichteten Phänomene gegeben hätte. Den jeder Fantasterei abgeneigten Immanuel Kant hat das beunruhigt und intensiv beschäftigt. Über Mittelsmänner holte er Informationen dazu ein und setzte sich in einer eigenen kleinen Schrift unter dem Titel *Träume eines Geistersehers* mit Swedenborg auseinander. Sie ist im Tenor kritisch, aber auch Kant konnte die Existenz solcher Phänomene nicht ganz ausschließen. In einem Brief an Charlotte von Knobloch berichtet er eine vielfach bezeugte Begebenheit: Die Witwe des niederländischen Gesandten in Stockholm hatte sich an Swedenborg gewandt, um von ihm Aufklärung in einem Streitfall zu erhalten. Sie war sicher, dass ihr verstorbener Mann ein Silberservice bereits bezahlt hatte, der Silberschmied jedoch bestritt das. Drei Tage nach dem Gespräch mit der Witwe kam

Swedenborg zu ihr mit der Nachricht, er habe mit ihrem verstorbenen Mann Kontakt gehabt und von ihm erfahren, dass sich die Quittung über den bereits bezahlten Betrag in einem Geheimfach seines Schreibtisches befinde. Nach Swedenborgs genauer Beschreibung wurde das Geheimfach mit der Quittung in Gegenwart der anwesenden Gesellschaft tatsächlich gefunden. Die dicken, zusammenfantasierten Werke Swedenborgs hat Kant mit Enttäuschung als Ansammlung von Unsinn beiseite gelegt; er lässt in seinen Schriften und Vorlesungen jedoch durchblicken, dass er spiritistische Kontakte für zumindest denkbar hält. Eine Wahrnehmung über die Sinne in der Art eines Gespenstersehens hat er ausgeschlossen, aber man könne einen direkten Übertragungsweg von Geist zu Geist annehmen, wenn wir mit den Toten in der Einheit der immateriellen, geistigen Welt verbunden sind, in einem „Commercium der Seele mit Geistern schon im Leibe". Die Seelen Verstorbener könnten so auf uns einwirken, indem sie Vorstellungsbilder in uns hervorrufen, allerdings wohl nur sehr indirekt, dunkel und traumartig.[19]

In neuerer Zeit hat der französische Existenzphilosoph Gabriel Marcel (1889–1973) von solchen Erfahrungen berichtet. In seiner Autobiografie schildert er spiritistische Experimente, die er im Winter 1916/17 durchgeführt hat. Der Erste Weltkrieg war auf seinem Höhepunkt, und Hunderttausende wurden vom Feuersturm des Stellungskrieges verschlungen, zur Unkenntlichkeit zermalmt. Marcel, der beim Vermisstensuchdienst des Roten Kreuzes tätig war, konnte viele Schicksale der vermissten Soldaten auch durch Befragung von Kameraden und Nachforschungen in Kriegsgefangenenlagern nicht aufklären. Auf Anregung eines befreundeten Ehepaares ließ er sich auf spiritistische Séancen ein, um die Umstände des Todes eines wahrscheinlich in der Schlacht bei Fossé in den Ardennen gefallenen Soldaten zu ermitteln. Mit dem Ouija-Brett konnte Kontakt zu einer *entité*, so sagt er, also zu einer *Wesenheit*, aufgenommen werden, die Details und Namen dazu mitteilte. Es handelt sich dabei um ein Brett mit Buchstaben, Zahlen und einem Zeiger. Ein Medium legt seine Hand auf den Zeiger und wartet, bis Verbindung mit einem Geistwesen besteht. Durch dessen Einfluss bewegt das Medium dann den Zeiger über Buchstaben und Zahlen, die schließlich eine Botschaft ergeben. Die teils überraschenden Informationen, die bei solchen Sitzungen ans Licht kommen, können in den meisten Fällen mit Gedankenübertragungen aus dem Unterbewusstsein anwesender Personen erklärt werden. In dem von Marcel berichteten Fall jedoch lässt sich das wohl ausschließen. Die Botschaften teilten nicht nur Einzelheiten der letzten Stunden des Vermissten mit, sondern auch zwei Namen von Soldaten, die mit ihm in den Kampfeswirren versprengt worden seien. Marcel konnte später in den Archiven der École Militaire verifizieren, dass einer der genannten Soldaten tatsächlich Angehöriger der Einheit des Vermissten war, ein zweiter Name ließ sich plausibel aus anderen Berichten erschließen.[20]

Das alles ist sehr selten, unsicher, nicht reproduzierbar und immer in Gefahr, mit Täuschungen oder Halluzinationen untrennbar verbunden zu sein. Das Jenseits lässt sich nicht in eine Laboratoriumsapparatur zwingen, warnt Gabriel Marcel im Rückblick auf seine Erfahrungen. Bereits das Alte Testament verurteilt mit drastischen Worten jeden Versuch der Totenbeschwörung (Deuteronomium 18,11). Auch König Saul hatte alle Wahrsager und Totenbeschwörer aus dem Land jagen lassen. Erst in verzweifelter Lage, angesichts einer erdrückenden militärischen Übermacht ließ er sich dazu hinreißen, auf die okkultistischen Praktiken der Totenbeschwörerin von En-Dor zurückzugreifen. Und der angerufene Geist des Propheten Samuel klagte nach alttestamentlichem Bericht: „Warum hast du mich aufgestört und mich heraufsteigen lassen?"

Auch hier finden wir also keine sichere Evidenz, und wir sollen sie auf diesem Wege auch gar nicht suchen.

IV. Nahtoderfahrungen

Eher dem modernen Wissenschaftsverständnis zugänglich sind die sogenannten Nahtoderfahrungen, über die seit den Siebzigerjahren des letzten Jahrhunderts intensiv geforscht wurde, zuletzt mit der internationalen AWARE-*Studie* (AWAreness during REsuscitation).[21] Dabei handelt es sich um Berichte Wiederbelebter nach einem Herz-Kreislaufstillstand über die während der Zeit des klinischen Todes erlebten Vorstellungsbilder. Sie bestätigen, wie intensiv der Mensch den letzten Übergang des Sterbens erfährt, selbst noch, wenn äußerlich das Leben bereits erloschen zu sein scheint. 39 Prozent der wiederbelebten Patienten der AWARE-Studie konnten von bewusst erlebten Vorstellungsbildern berichten. Manche der in den verschiedenen Studien dokumentierten Bilder ähneln Symbolen und Inhalten religiöser Überlieferungen. Gerne wird dies so ausgelegt, als hätten diese Menschen bereits einen Blick ins Jenseits tun dürfen. Die unterschiedliche kulturelle Färbung der Berichte lässt jedoch daran zweifeln und eher vermuten, dass hier Erinnerungen wieder frei werden, die besonders emotional aufgeladen und daher in diesem letzten Prozess der Rechenschaftslegung zentral sind.

Außerordentlich und neurologisch oder psychiatrisch nicht wegzuerklären sind aber die ebenfalls von wiederbelebten Patienten berichteten Außerkörpererlebnisse. Die Patienten erfahren sich dabei als von ihrem Körper losgelöst. Wie schwebend über der Szenerie, in der ihr toter Körper am Unfallort oder auf dem Operationstisch im Zentrum der Bemühung von Ärzten ist, nehmen sie detailgenau wahr, was dabei vorgeht, und können es nach ihrer Wiederbelebung schildern. Der Wahrheitsgehalt ließ sich in mehreren untersuchten Fällen durch Befragung der behandelnden Ärzte und Pflegekräfte bestätigen. Bemerkenswert ist dabei, dass auch die Wahrnehmung von Objekten berichtet wurde, die außerhalb des physischen Sichtbereichs der Patienten lagen, etwa das Typenschild eines medizinischen Gerätes mit dessen sehr spezifischer Bezeichnung. Das psychiatrische Phänomen der *Dissoziation*, bei der – zum Beispiel durch schwere Traumata – die Persönlichkeit in einen handelnden und einen beobachtenden Teil zu zerfallen scheint, ist anders gelagert. Dissoziation ist eine Empfindungsstörung bei der Schwebeerlebnisse vorkommen und sich auch das Gefühl, den Körper zu verlassen, einstellt. Die Wahrnehmung von Dingen, die außerhalb des Sichtbereichs einer Person sind, lassen sich damit nicht erklären.[22] Eine neurophysiologische Hyperaktivität nach Herzstillstand, wie sie an Ratten nachgewiesen wurde, trägt erst recht nichts zur Erklärung solcher Phänomene bei.[23] Es spricht also einiges dafür, dass sich bei diesen Erfahrungen ein geistiger Personteil vom Körper zu lösen beginnt. Offenbar aber steht er noch mit dem Körper in Verbindung, da er in ihn zurückkehren kann. Dies ist auf jeden Fall ein starker Hinweis darauf, dass der geistige Kern des Menschen getrennt vom Körper existieren kann. Wo er schließlich hingeht und ob er den endgültigen physischen Tod überdauert, wissen wir damit allerdings nicht. Nahtoderfahrungen sind eben Erfahrungen an der Schwelle des Todes, aber nicht hinter ihr.

V. Die mystische Vorerfahrung des Todes

Hinweise auf ein Leben nach dem Tod finden sich auch in mystischen Erfahrungen. Ihre Überzeugungskraft hängt allerdings davon ab, ob man die mit der Mystik verbundenen religiösen Grundüberzeugungen anerkennen kann, denn nach übereinstimmendem Zeugnis großer religiöser Persönlichkeiten ereignet sich dabei eine unmittelbare Berührung Gottes im Seelengrund, die als überwältigende göttliche Nähe erfahren wird. Die Theologie sieht darin eine Vorerfahrung der *visio beatifica*, also der beglückenden Schau im Angesicht Gottes, die uns vollständig erst nach unserem Tod zuteil wird, da sie die Fassungskraft unserer leibgeistigen Natur übersteigt.[24] Dem Mystiker ist sie möglich, weil seine außerordentlichen Entrückungszustände einer Ablösung der Seele vom Leib nahe kommen. Erhebung zur mystischen Schau ist also in gewissem Sinne zugleich eine Vorerfahrung des Todes. Bemerkenswert sind die Parallelen zur Nahtoderfahrung, sowohl hinsichtlich der in der mystischen Erfahrung geschauten Inhalte als auch der psychischen Begleitumstände. Lichtvisionen und Schweben etwa werden auch von Mystikern berichtet. Die Begine Mechthild von Magdeburg (1207–1282) beschreibt das von ihr Geschaute mit dem Bild *fließenden Lichts*. Und charakteristisch ist wie bei manchen Wiederbelebten[25] das Widerstreben, in die leibliche Existenz zurückzukehren. Bernhard von Clairvaux (1090–1153) etwa berichtet in seinen Predigten über das *Hohe Lied*, wie nach einer mystischen Erhebung die Welt „starr und kalt dazuliegen beginnt". Und in den *Bekenntnissen* des hl. Augustinus (354–430) heißt es: „Und zuweilen schickst du mich auf den Weg zu einer ganz ungewöhnlichen inneren Erfahrung, zu einem unbekannten Wohlbefinden, das, wenn es sich in mir vollenden würde, ich weiß nicht was wäre; gewiss wäre es nicht mehr das irdische Leben. Aber in dieses falle ich zurück durch quälende Gewichte."

VI. Religiöse Lehren über den Tod

Bleibt noch die Religion als Quelle für unser Wissen über den Tod. Auch hier sind die Hinweise auf ein Weiterleben alt und von starker Aussagekraft. Das *Ägyptische Totenbuch* etwa, das ab 2500 v. Chr. entstanden ist, soll den Toten eine Anleitung für den Weg ins Jenseits geben. In den aufwändigen Bauwerken der altägyptischen Kultur sind uns eindrucksvolle Zeugnisse ihres Totenkultes überliefert.

Nach den Texten des Alten Testamentes bedeutet Auferstehung zunächst nur die Erneuerung des Volkes Israel, etwa in der Vision des Propheten Ezechiel (600–560 v. Chr.): „So spricht Gott, der Herr, zu diesen Gebeinen: Ich selbst bringe Geist in euch, dann werdet ihr lebendig. Ich spanne Sehnen über euch und umgebe euch mit Fleisch; ich überziehe euch mit Haut und bringe Geist in euch, dann werdet ihr lebendig." (Ezechiel 37,5–7) Hier aber schon wird im verwendeten Bild eine leibliche Auferstehung des individuellen Menschen angedeutet, die kennzeichnend ist für das jüdisch-christliche Denken. Später, im Buch Daniel (175–164 v. Chr.), steht dieser Gedanke vollständig ausgeformt da: „Von denen, die im Land des Staubes schlafen, werden viele erwachen, die einen zum ewigen Leben, die anderen zur Schmach, zu ewigem Abscheu." (12,2) Damit ist auch bereits das Motiv des letzten Gerichtes im Jenseits deutlich angesprochen. Allerdings war die Frage der Auferstehung noch zu Jesu Zeiten ein Streitpunkt zwischen den Theologenschulen der Sadduzäer und der Pharisäer: Nur Letztere vertraten die Auferstehungslehre.

Im Neuen Testament ist dann die Erlösung mit und in Christus, der für uns gestorben und in das Reich des Todes herabgestiegen ist, die zentrale Aussage. Dazu einschlägig ist der erste Korintherbrief: „Denn wie in Adam alle sterben, so werden in Christus alle lebendig gemacht werden." (15,22) Beantwortet wird hier auch die Frage nach der Art der Auferstehung: Sie ist leiblich wie im Judentum, jedoch in verklärter Form; es ist nicht die Wiederherstellung des verwesten Leibes aus dem Grab: „So ist es auch mit der Auferstehung der Toten. Was gesät wird, ist verweslich, was auferweckt wird, unverweslich. Was gesät wird, ist armselig, was auferweckt wird, herrlich. Was gesät wird, ist schwach, was auferweckt wird, ist stark. Gesät wird ein irdischer Leib, auferweckt ein überirdischer Leib." (15,42ff.)

Der Islam hat für das Jenseits schöne plastische Bilder. In der 56. Sure des Koran etwa heißt es: „Siehe, die Gottesfürchtigen kommen in Gärten mit Bächen. Im Sitze der Wahrhaftigkeit bei einem mächtigen König."

Nicht zu vergessen sind natürlich die unterschiedlichen Vorstellungen von der Seelenwanderung in den asiatischen Religionen. Das Tibetanische Totenbuch ist ähnlich wie das ägyptische eine Anleitung für den Weg ins Jenseits, nach buddhistischem Verständnis allerdings nur für einen Übergangszustand zwischen Tod und Wiederverkörperung.

In der christlichen Theologie, die uns hier vor allem interessiert, ist die Frage nach dem ewigen Leben und der Auferstehung ausführlich und kontrovers diskutiert worden. Sofern die dabei behandelten Themen in die Reichweite der Philosophie fallen, werden sie im Zusammenhang mit den dualistischen Auffassungen der Philosophie berücksichtigt.

Zweiter Teil

Philosophische Antworten auf die Frage nach dem Tod

Sowohl die Intuition der Menschen aller Zeiten und Weltteile als auch Berichte über Nahtoderlebnisse und vor allem die religiösen Offenbarungsschriften haben erhebliches Gewicht bei der Beantwortung der Frage nach dem Tod. Hier aber wollen wir uns dem Thema rein philosophisch nähern, indem wir uns auf das beschränken, was wir mit den Mitteln der Vernunft begründet erschließen können.

Fragen wir also jetzt philosophisch, was der Tod des Menschen bedeutet und ob das Aktzentrum des Menschen, seine Seele, wie das traditionelle Wort dafür lautet, mit dem Leib vergeht oder ob es ein Weiterleben nach dem Tod gibt. Die philosophischen Antworten darauf hängen davon ab, wie jeweils die Stellung des Menschen in der Welt bestimmt wird, und diese wiederum ergibt sich aus dem philosophischen Verständnis der Welt selbst. Insbesondere die Aussagen über das, was Leib und Seele wesenhaft sind und in welchem Zusammenhang sie stehen, entscheiden darüber, wie die Frage nach dem Tod beantwortet wird. Zwei grundsätzliche Positionen lassen sich unterscheiden, die wir im Folgenden betrachten werden:

– Monistische, die nur von einem einzigen Weltprinzip ausgehen, sei es Materie, Geist, Weltwille, Weltseele oder eine pantheistisch verstandene Allnatur.

– Dualistische, die neben einer materiellen Dimension des Wirklichen eine davon wesensverschiedene geistige annehmen.

Zum Schluss werden wir noch fragen, was die Philosophie über ein Leben nach dem Tod sagen kann, wenn man begründet ein solches annehmen kann.

I. Können wir philosophisch überhaupt etwas über Tod und Weiterleben sagen?

Zunächst aber müssen wir uns noch versichern, dass wir auf dem Wege der Philosophie tatsächlich wahre Aussagen über Tod und Weiterleben finden können. Dagegen stehen erkenntniskritische Auffassungen, die alles Suchen danach mit den Mitteln der Vernunft, also die Metaphysik, für vergeblich halten. Damit wären wir hier bereits am Ende. Vor allem David Humes Empirismus und Immanuel Kants Transzendentalphilosophie haben die Metaphysik infrage gestellt, mit weitreichenden Nachwirkungen bis heute. Es lässt sich aber zeigen, dass diese Auffassungen in sich widersprüchlich sind und keineswegs das letzte Wort haben.

Der skeptische Empirismus David Humes

Der schottische Aufklärungsphilosoph David Hume (1711–1776) und der englische Empirismus vor allem haben die Reichweite unserer Erkenntnismöglichkeiten radikal auf das uns unmittelbar sinnlich Gegebene beschränken wollen. Danach bilden sich unsere Erkenntnisse nur aus Sinneseindrücken (impressions) und davon abgeleiteten Vorstellungen (ideas). Erst durch Assoziierung, also Verknüpfung der Vorstellungen durch wiederholtes gemeinsames Auftreten, entstehen Ganzheiten. Sie entsprechen nicht realen Ganzheiten der äußeren Welt. So sei Kausalität nur die gewohnheitsmäßige Verbindung regelmäßig nacheinander sich ereignender Vorgänge, nicht ein realer Zusammenhang von Ursache und Wirkung. Eine Ursache ist demnach ein Gegenstand, „dem ein anderer folgt, und dessen Eintritt immer die Gedanken auf diesen anderen führt"[26]. Ebenso gibt es kein in der Zeit beharrendes reales Etwas, also keine Substanz, sondern nur eine verknüpfende Zusammenfassung von Vorstellungen unter einem Begriff. Dementsprechend löst Hume das Ich auf in ein Bündel flüchtiger Wahrnehmungen im Bewusstseinsstrom. Reißt dieser Strom ab, etwa durch Schlaf, existiert das Ich nicht.[27]

Damit sind wir gefangen in psychologischen Mechanismen und ohne Zugang zu objektiven Erkenntnissen. Die Konsequenz ist ein Skeptizismus, demzufolge alle Wissenschaften nur Annäherungen sind. Metaphysik, die über das sinnlich Wahrnehmbare hinaus denken will, also auch nach dem Weiterleben der Seele fragt, ist gar nicht möglich. Hume hat mit diesen Ansichten grundstürzend gewirkt und war außerordentlich einflussreich bis hin zum Positivismus des 20. Jahrhunderts, der die Gegenstände der Metaphysik für reine Scheinprobleme hielt.

Aber auch Hume hat sich über den Tod geäußert. Seine Auffassung ergibt sich notwendig aus der Bestimmung des Ich als Bewusstseinsstrom. Da es damit eine substanzielle Seele, die weiterleben könnte, nicht gibt, bedeutet das endgültige Abreißen dieses Bewusstseinsstroms eben schlicht das Ende des Ich (what I call myself). Es wird einfach zu nichts (non-entity), denn es ist ja nichts anderes als eine Aneinanderreihung von Wahrnehmungen.

Exkurs

Als Anekdote sei noch ein Argument von Hume gegen die Unsterblichkeit angeführt, das verdeutlicht, wie selbst ein so scharfsinniger

Geist zu Abstrusitäten gelangt, wenn er sich von den Grundlagen metaphysischen Denkens entfernt. Er meint, dass im Jenseits gar nicht genug Platz sein könne für all die Gestorbenen und Auferstanden, denn er kann nur in Kategorien des Raum-Zeitlichen und Sinnenhaften denken: „Auch die Verfügung über die unendliche Zahl posthumer Existenzen muss der religiösen Theorie Schwierigkeiten machen. Jeden Planeten jedes Sonnensystems haben wir die Freiheit als bevölkert mit intelligenten sterblichen Wesen vorzustellen, wenigstens lässt sich eine gegenteilige Annahme nicht beweisen. Für diese müsste demnach bei jeder neuen Generation eine neue Welt jenseits der Grenzen der gegenwärtigen erbaut werden, oder es müsste am Anfang eine so wunderbar weite Welt geschaffen sein, dass sie diese beständig einströmenden Wesen fassen kann."[28]

Kants erkenntniskritische Transzendentalphilosophie

Immanuel Kant (1724–1804) konnte sich mit Humes Thesen nicht abfinden. Deren Konsequenzen beurteilte er kritisch, insbesondere den daraus folgenden Skeptizismus. Er wollte an der Möglichkeit objektiver Erkenntnis festhalten, meinte aber, hinter Humes Beschränkung auf die Sinneserfahrung nicht zurückgehen zu können. So setzte er, nachdem er als Universitätslehrer lange die klassische Metaphysik gelehrt hatte, unter dem Einfluss von Hume in seinem Alterswerk noch einmal zu einem bahnbrechenden Neuansatz an und entwarf seine *Transzendentalphilosophie. Transzendental* nennt er sie, weil sie die Bedingungen unserer Erkenntnismöglichkeit selbst aufhellen soll, im Unterschied zu *Transzendenz*, die ein Sein jenseits unserer raumzeitlichen Erfahrung meint.

Auch nach Kant ist die Erkenntnis des Menschen auf das beschränkt, was wir von der Welt über die Sinne erfahren. Insoweit folgt er Hume, aber anders als bei diesem verbindet sich das aus der Sinneserfahrung kommende Anschauungsmaterial nicht willkürlich durch Assoziation und Gewohnheit zu größeren Einheiten, wodurch es rein subjektiv bliebe. Kant nimmt vorgegebene Strukturen der Erkenntnis an, die den Sinnesstoff und unsere Vorstellungen gesetzmäßig ordnen. Dies sind zunächst die Anschauungsformen von Raum und Zeit, die dem ungeordnet auf uns einströmenden Sinnesmaterial Form geben und es zu geordneten Wahrnehmungen umbilden. Die Wahrnehmungen wiederum sind Stoff für den Verstand, der aus ihnen nach festen Denkformen Begriffe bildet. Denkformen sind zum Beispiel *Substanz* und *Kausalität*. Kant nennt sie auch Kategorien und unterscheidet insgesamt zwölf. Damit ist zwar eine gewisse Sicherheit des Erkenntnisaktes gegeben, da er in feste Formen eingespannt ist, er bleibt aber subjektiv. Erkenntnis ist ja nach Kant immer aus dem gebildet, was wir über die Sinne von der Welt erfahren, und dem, was wir durch Anschauungsformen und Denkformen hinzutragen. Das traditionelle Verständnis wurde damit von Kant geradezu auf den Kopf gestellt, indem er als Grundannahme davon ausging, „die Gegenstände müssen sich nach unserem Erkenntnis richten" und nicht die Erkenntnis nach ihrem Gegenstand.[29] Objektiv ist für ihn die Erkenntnis aber trotzdem, weil die Anschauungsformen und Denkformen a priori gültig sind, das heißt, sie sind notwendig und allgemeingültig. Sie stellen sicher, dass sich Wahrnehmung und Objekt immer und zuverlässig zu einer bestimmten Erkenntnis verbinden. Kant erläutert das am Beispiel der Schwere eines Körpers. Wir erfahren nicht nur das subjektive Gefühl der Schwere, auf das wir nach Hume beschränkt wären, sondern erkennen tatsächlich auch, dass der Körper schwer *ist*, denn „diese beiden Vorstellungen sind im Objekt, d. i. ohne Unterschied des Zustandes des Subjekts, verbunden, und nicht bloß in der Wahrnehmung (sooft sie auch wiederholt sein mag) beisammen"[30]. Dies ist die *transzendentale Einheit der Apperzeption*, womit Kant die objektiv gültige Synthese aus Sinnesdaten sowie Anschauungs- und Denkformen meint. Wir erkennen also tatsächlich nicht nur Schein, sondern ein reales Etwas, das erscheint. Welche absolute Wirklichkeit aber hinter dem ist, das uns vermittelt über die Sinneseindrücke erscheint, bleibt uns verborgen, denn Raum und Zeit und die Kategorien gelten nur im Bereich unserer Anschauung. Kant nennt diese uns verborgene Wirklichkeit das *Ding an sich*. Die Gegenstände der Metaphysik wie Gott, Willensfreiheit, Seele und damit auch ein Weiterleben nach dem Tod sind außerhalb der Anschauung, daher sind sie Dinge an sich und für unser Erkennen nicht erreichbar.

Kant dürfte also gar nicht davon sprechen. Er tut es aber doch, denn er sieht klar, dass der Mensch und menschliches Zusammenleben grundlegend darüber bestimmt werden. Ohne Gott, Willensfreiheit und ein Weiterleben ist für Kant ein verantwortliches moralisches Handeln nicht begründbar. Dies hat ihn dazu bewogen, dem Skeptizismus Humes etwas entgegenzusetzen. Im Rahmen der von ihm selbst gezogenen Erkenntnisgrenzen fällt ihm das jedoch schwer. Die Seele kann er nicht als Substanz denken, denn sie entzieht sich unserer Anschauung, und nur auf diese lässt sich die Kategorie der Substanz anwenden. Die Willensfreiheit widerspricht der Kausalität, die immer und gesetzmäßig im Bereich der Anschauung gilt. Diese Vernunftideen, wozu auch Gott und die Unsterblichkeit gehören, sind trotzdem nach Kant „nicht für Hirngespinste anzusehen, sondern geben ein unentbehrliches Richtmaß der Vernunft ab"[31]. Denn sie sind *regulative Ideen*, die unser Handeln leiten. Dies ist Kants rein von den Anforderungen der Lebenspraxis her entwickelte Lösung.

Die Willensfreiheit, also das Vermögen des Menschen, sich nach Gründen zu entscheiden, im Gegensatz zur reinen Bestimmung durch Ursachen, ist eine solche Idee, weil wir sie im *praktischen Verstande* fassen müssen. Während nach Kants Voraussetzungen die Kausalität im Bereich der Erscheinungen ausnahmslos gilt, sieht er in der Vernunft ein *intelligibles Vermögen* hinter den Erscheinungen. Es befähigt den Menschen, „eine Reihe von Begebenheiten von selbst anzufangen"[32], also selbst frei wirkende Ursache zu sein, die sich im Bereich der Erscheinungen auswirkt. Kausalität hat also zwei Seiten: eine Vorderseite der Erscheinungen, in der sie durchgängig gilt, und eine Rückseite als Ding an sich, der unser intelligibles Vermögen angehört, selbst Ursache zu sein. Kant hat sehr wohl die Schwierigkeit dieser Lösung gesehen, denn er schreibt damit dem Ding an sich Kausalität zu, obwohl er darüber nach seiner Erkenntnistheorie nichts sagen kann.

Von ähnlich praktischen Erwägungen ausgehend, gelangt er auch zu einer Begründung der Unsterblichkeit der Seele. Wie für Scheler die überschießenden Tendenzen zu seelisch-geistiger Höherentwicklung über den Tod hinausweisen, so sind es bei Kant die über unsere Endlichkeit hinauszielenden moralischen Forderungen zur Selbstvervollkommnung, die ein Weiterleben nach dem Tod notwendig erscheinen lassen. In seiner *Kritik der praktischen Vernunft* argumentiert er, dass ein menschliches Streben nach höchster moralischer Vollkommenheit, letztlich also nach Heiligkeit, nur „in einem ins Unendliche gehenden Progressus" erreichbar sei. „Dieser unendliche Progressus ist aber nur unter Voraussetzung einer ins *Unendliche* fortdauernden *Existenz* und Persönlichkeit desselben vernünftigen Wesens (welche man die Unsterblichkeit der Seele nennt) möglich. Also ist das höchste Gut, praktisch, nur unter der Voraussetzung der Unsterblichkeit der Seele möglich; mithin diese, als unzertrennlich mit dem moralischen Gesetz verbunden, ein Postulat der reinen praktischen Vernunft."[33]

Darüber hinaus hat sich Kant in seinem bedeutenden Spätwerk mit dem Tod selbst wenig beschäftigt. Wiederholt fordert er in seinen Schriften dazu auf, besser auf dem jeweiligen Posten, auf den man gestellt ist, moralisch und klug zu handeln, als sich darüber den Kopf zu zerbrechen.

Die Möglichkeit der Metaphysik

Bleibt nun zu prüfen, ob angesichts dieser erkenntniskritischen Argumente tatsächlich die Metaphysik mit dem hier insbesondere interessierenden philosophischen Fragen nach dem Wesen des Todes ein vergebliches Unterfangen bleiben muss.

Humes Auflösung der Wirklichkeit in Psychologisches hat Edmund Husserl (1859–1938) einer Fundamentalkritik unterzogen. Zweifellos lassen sich mentale Vorgänge und Denkprozesse psychologisch beschreiben. Was wir damit aber finden, sind *Realgesetze* über zeitlich-räumliche Tatsachen. Dieselben psychischen Gesetzmäßigkeiten können richtige und falsche Schlüsse hervorbringen. Sie sind kein Wahrheitsmaßstab. Wahrheit von mittelbaren Tatsachenurteilen lässt sich nur rechtfertigen, wenn sie auf letzte, unmittelbar evidente und allgemein geltende Begründungsprinzipien zurückgeführt werden können. Der Empirismus lässt aber selbst *„keine vernünftige Rechtfertigung, sondern nur eine psychologische Erklärung* zu" (z. B. Gewohnheit).[34] Dies gilt dann uneingeschränkt auch für diesen selbst, das heißt er entbehrt jeder Letztbegründung. Mit ihren Grundannahmen hebt sich somit die Philosophie Humes selbst auf. Entsprechend verfällt jeder Empirismus und Skeptizismus diesem Verdikt, also auch deren moderne Spielarten, insbesondere der Positivismus mit seinen verschiedenen Ausprägungen.

Kants Philosophie ist komplexer gebaut, und vielen schien sie der Todesstoß für die Metaphysik zu sein. Ihre Schwächen, die sich bereits in den Grundannahmen zeigen, wurden aber schon bald aufgedeckt.[35] Nach Kant sind die Dinge an sich zwar nicht erkennbar, seine Philosophie aber trifft weitreichende Aussagen darüber: über ihre Erkennbarkeit, wie sie auf unsere Sinne wirken (*affizieren* sagt Kant) und bei der Willensfreiheit sogar ursächlich sind. Es ist völlig unklar, wie sich aus Sinneseindrücken, allgemeinen Anschauungsformen und Denkformen eine konkrete Anschauung bilden soll und wie viel von dem, was uns vom Ding an sich erscheint, in das menschliche Erkennen eingeht. Und letztlich verfällt auch Kant einem Selbstwiderspruch ähnlich dem des Empirismus. Er behauptet, dass wir nur Erscheinungen erkennen, nie die Dinge an sich. Für diese Behauptung beansprucht er aber selbst Erkenntnis an sich.

Weder der Empirismus noch die Transzendentalphilosophie Kants behalten also das letzte Wort. Indem Kant über das Ding an sich philosophiert, tut er selbst genau das, was die Metaphysik will, er schließt nämlich von dem, was wir in der Anschauung erfahren, weiter auf letzte Gründe des Seins und das unserer Erfahrung grundsätzlich Unzugängliche, auf das Transzendente. Die absolute Grenzscheide, die Kant zwischen unserem Erkennen und dem Ding an sich annimmt, ist willkürlich gezogen, und er überschreitet sie selbst. Dies ist ja auch möglich, weil der Einheit des allgemeinen, alles umgreifenden Seins, des Realen und des Idealen, des Materiellen und des Geistigen, des Immanenten und des Transzendenten gemeinsame Prinzipien zugrunde liegen, die es uns ermöglichen, ausgehend von unserer Erfahrung auf das unserer Erfahrung grundsätzlich Verborgene zu schließen.[36] Dazu gehören die unmittelbar einleuchtenden, grundlegenden Prinzipien, wie das *Widerspruchsprinzip*, dass also das Sein das Nichtsein ausschließt und eine Aussage und ihre Verneinung nicht zugleich wahr sein können, sowie der *Satz vom zureichenden Grunde,* wonach alles einen Grund und jede wahre Aussage eine Begründung hat. Allgemein gelten die Unterscheidungen von Möglichkeit (Potenz) und deren Verwirklichung (Akt), von Wesenheit und Dasein, das Kausalitätsprinzip, also die Beziehung von Ursache und Wirkung, sowie Kategorien wie Substanz und Akzidenz, Quantität, Qualität und Relation. Dabei ist wichtig zu verstehen, dass ein rein physikalistisches Verständnis der Kategorien in die Irre führt. Die Kategorie der Substanz, die für die Frage nach dem Weiterleben der Seele von zentraler Bedeutung ist, kann nicht auf etwas rein Stoffliches beschränkt werden, wie es der Alltagsgebrauch des Wortes nahelegt. Substanz meint ein in der Zeit beharrendes, selbstständiges Seiendes, das nicht Akzidenz (Eigenschaft) eines anderen Seienden ist. Auch ein geistiges Seiendes wie eben die Seele kann Substanz sein. Kausalität rein im Sinne der Verursachung durch Physisches zu verstehen wäre ebenfalls ein Missverständnis. Als metaphysischer Grundbegriff bedeutet sie ganz allgemein das Wirken und Bewirktwerden. Den Bereich des kontingenten, also des verursachten Seins und des absoluten göttlichen Seins verbinden die sogenannten *Transzendentalien* (nicht zu verwechseln mit der Bedeutung, in der Kant den Begriff verwendet). Insbesondere sind hier zu nennen Wahrheit, Gutheit, Einheit. Von kontingentem Seiendem kann *univok* gesprochen werden, also im selben Sinne, vom absoluten Sein nur *analog*, also im übertragenen Sinne.

So verstanden, also auf einer umfassen Seinslehre aufbauend, ist Metaphysik *kein* bloßes Spiel mit Begriffen, wie Kant und die moderne Kritik meinen, sondern ein geordnetes Schließen, ausgehend von unserer Erfahrung, auf das, was uns verborgen ist. Die schwierigen erkenntnistheoretischen Fragen können im Rahmen der Zielsetzung dieser Darstellung nur gestreift werden. Wir haben aber bis hierhin zumindest Argumente gewonnen, die uns berechtigen, nach Vernunftgründen für ein Weiterleben zu suchen. Dieser Erkenntnisoptimismus ist natürlich immer kritisch zu begleiten. Alle bedeutenden philosophischen Strömungen haben jedenfalls Antworten gesucht auf die Frage nach dem Tod. Dem werden wir jetzt nachgehen, um zu sehen, was davon Bestand hat.

II. Monistische Antworten

Betrachten wir nun also die philosophischen Antworten auf die Frage nach dem Tod und untersuchen wir sie auf ihre Tragfähigkeit. Die erste große Gruppe der Denkansätze sind die monistischen Philosophien, die alles Seiende auf ein einheitliches Prinzip zurückführen, verstanden als Materie oder Geist, als Allseele, Weltwille oder auch pantheistisch gedeutete göttliche Allnatur.

Materialismus / Physikalismus

Materie bzw. Physisches ist die einzige Wirklichkeitsdimension, die der Materialismus zulässt. Er will alle Wirklichkeitsbereiche aus physischen Grundlagen erklären und fasst dabei auch die Phänomene des geistigen Lebens und des Bewusstseins als damit identisch oder als daraus abgeleitet und davon abhängig auf. Seine Antworten auf die Frage nach dem Tod sind entsprechend. Da sich die heutige Auffassung der Materie durch die Erkenntnisse der modernen Physik stark geändert hat im Vergleich zu den alten atomistisch-mechanistischen Auffassungen, wird auch von *Physikalismus* statt von Materialismus gesprochen. Ich verwende den geläufigeren Begriff *Materialismus* im Folgenden synonym, ebenso wie physisch und materiell. Der Materialismus ist heute die dominierende Denkrichtung, da sie dem methodisch durchaus fruchtbaren naturwissenschaftlichen Reduktionismus folgt, der alles auf Messbares zurückführt. Wird dieser methodisch sinnvolle Zugang jedoch über seine Reichweite hinaus verallgemeinert, entsteht ein verkürztes Weltbild, das Entscheidendes ausblendet oder verkennt, nämlich das bewusste, verantwortlich handelnde Selbst des Menschen und den ganzen Reichtum des Idealen und der Kultur. Mit dem Materialismus ist daher eine besonders ausführliche Auseinandersetzung erforderlich. Sie ist vor allem mit seinen modernen Vertretern zu führen, nachdem kurz die überholten älteren Richtungen dargestellt worden sind.

Atomistisch-mechanistischer Materialismus

Der Materialismus, wie ihn im antiken Griechenland bereits Demokrit (5./4. Jh. v. Chr.) und Epikur (4./3. Jh. v. Chr.) vertreten haben, kennt nur stoffliches, aus kleinsten Teilchen, den Atomen, zusammengesetztes Sein. Auch die Seele besteht dementsprechend aus Atomen und zerfällt mit dem Tod genauso wie der Leib. Im Brief an Herodot lehrt Epikur: „Wenn die ganze Atomenmasse des Körpers sich auflöst, dann zerstreut sich auch die Seele, besitzt nicht mehr die gleichen Fähigkeiten wie vorher, wird auch nicht mehr erregt, kann also auch nicht mehr wahrnehmen. [...] Mithin sind diejenigen töricht, die da lehren, die Seele sei unkörperlich."[37]

Mit den modernen Naturwissenschaften und ihren technischen Anwendungen hat diese Anschauung neuen Aufschwung erfahren. Die Technik lieferte nun das Bild eines nach mechanischen Prinzipien funktionierenden Menschen. *L'homme machine, Der Mensch, eine Maschine*, lautet der Titel einer 1748 erschienenen Schrift des Aufklärungsphilosophen Julien Offray de La Mettrie (1709–1751). Zwar ist der Mensch in diesem Bild eine *erleuchtete Maschine*, denn seine gedanklichen Leistungen sind nicht zu leugnen, aber er bleibt doch nur eine Maschine, hat vielleicht „Räder, einige Federn mehr als in den vollkommensten Tieren". Das, was man Seele nannte, ist die *Organisation des Gehirns*, ihr *Bewegungsprinzip*, „ein empfindlicher materieller Teil des Gehirns, den man, ohne einen Irrtum zu fürchten, von dem Gesichtspunkte betrachten darf, dass er eine Haupttriebfeder des ganzen Maschinenwerks ist". Der Mensch ist eine materielle Einheit und von der *Werkmeisterin Natur* hervorgebracht.[38]

Im 19. Jahrhundert erlebte der Materialismus eine Hochblüte. Weit verbreitete populärwissenschaftliche Schriften vermittelten vereinfachte Welterklärungen, die weit über den tatsächlichen Forschungsstand hinaus verallgemeinernde Schlüsse zogen. Alles Wirkliche lässt sich danach auf physikalisch-chemische Prozesse zurückführen, auch das Bewusstsein sei nur Stoff und Energie. Der Tod ist demnach das endgültige Erlöschen entsprechender materieller Prozesse in einem Lebewesen. Ein Weiterleben gibt es nicht. Bekannte Werke dieser vulgärmaterialistischen Richtung waren Ludwig Büchners (1824–1899) *Kraft und Stoff* und Jacob Moleschotts (1822–1893) *Kreislauf des Lebens*. Moleschott argumentierte nur konsequent, wenn er im Anschluss an Liebigs Erkenntnisse zur Pflanzendüngung empfahl, die Toten als Dünger zu nutzen. Letztlich gelangten sie so nur schneller zur sinnvollen Verwendung in den Stoffkreislauf zurück, dessen bloßes Durchgangsstadium sie sind.

Im Originalton liest sich das so: „Und wenn alle diese phosphorsauren Salze in wucherndem Überfluss in unseren Kirchhöfen aufgespeichert werden, um nur den Würmern und dem Grase zu nützen, während sie ohne Arbeit und beinahe ohne

Kosten zurückgeführt werden könnten in die Kreislinie des Lebens, die immer neue Kreise zeugt von Stoff und Kraft, warum sollten wir denn der Sitte dauernder Kirchhöfe huldigen?"[39]

Außerordentlich einflussreich war auch Ludwig Feuerbach (1804–1872), der seinen Materialismus ausgehend von einer scharfen Religionskritik entwickelt hat. Gott und die Unsterblichkeit der Seele sind für ihn Erfindungen des Menschen zur eigenen Tröstung. Unser Selbsterhaltungstrieb lässt in uns den Wunsch nach einem Weiterleben wachsen und nährt schließlich die Hoffnung auf ein jenseitiges Leben. Gott und das ewige Leben sind nur Illusionen. Gott sei das in unserer Fantasie zur Vollkommenheit überhöhte Wesen des Menschen und das ewige Leben ein vollkommen und unendlich gedachtes Diesseits, so der zentrale Gedanke seiner Hauptschrift *Das Wesen des Christentums*. Man müsse sich aus diesen Illusionen befreien und den Tod als natürliches Ende des Menschen akzeptieren.

Dialektischer Materialismus

Über Ludwig Feuerbach hat der Materialismus in die sozialistischen Bewegungen des 19. Jahrhunderts Eingang gefunden. Karl Marx (1818–1883) und Friedrich Engels (1820–1895) haben ihn mit dem von Hegel übernommenen Gedanken der Entwicklung des Seienden aus Widersprüchen verbunden. Die Dynamik allen Werdens wird danach durch Widersprüche getrieben, die sich in Synthesen lösen, bis neue Widersprüche aufbrechen und den Prozess weiter vorantreiben. Diese sogenannte *Dialektik* hat Karl Marx zunächst auf die sozial-ökonomischen und geschichtlichen Vorgänge angewandt, Friedrich Engels übertrug sie dann auch auf die Natur als deren „wirkliche Entwicklungsgesetze"[40]. Leben etwa ist nach Engels ein dialektischer Prozess in organischen Wesen; erlischt er, stirbt das Lebewesen. Wie beim atomistisch-mechanistischen Materialismus führt auch diese dialektisch verstandene Variante des Materialismus alles Seiende völlig deterministisch auf Materie zurück. Denken und Bewusstsein würden durch rein materielle Vorgänge im menschlichen Gehirn hervorgebracht. In der Unterscheidung von Leib und Seele sieht Engels eine „widernatürliche" christliche Erfindung. Der Tod des Gehirns ist dann eben auch unser endgültiges Ende. Es gibt ja nichts anderes als dieses.[41]

Lenin und im Anschluss daran Stalin haben den *dialektischen Materialismus* mit entsprechenden Schriften zur Staatsideologie der Sowjetunion erhoben, die bis weit in das 20. Jahrhundert geschichtsmächtig war und in allen kommunistischen Satellitenstaaten als offizielle Doktrin gelehrt werden musste.

Der eschatologische Materialismus Ernst Blochs

Werfen wir noch einen Blick auf eine jüngere Variante des Materialismus, auf Ernst Blochs (1885–1977) eschatologischen Materialismus, in dem eine quasireligiöse Endzeiterwartung und Hoffnung auf eine letzte Vollendung der Welt und des einzelnen Menschen weiterwirken. Der Mensch kann sich eben nicht wirklich bei dem Gedanken eines absoluten Endes beruhigen, auch der materialistische Philosoph nicht. In seinem Buch über *Das Prinzip Hoffnung* arbeitet Bloch sich in einem langen Kapitel am Tod ab, den er die „Macht der stärksten Nicht-Utopie" nennt, denn alle Hoffnung würde an dieser Grenze zerschellen. Auch der Materialismus braucht eine sinnstiftende Trostphilosophie. Bloch findet sie zunächst im Weiterleben des *Roten Helden* im Gedächtnis der befreiten Arbeiterklasse, für die er sich in revolutionärer Aktion geopfert hat: „Diese Standhaften fühlten sich nicht aufgerufen, um empfangen zu werden mit hochheiligem Gruß, sie glauben höchstens in der Erinnerung der Mit- und Nachwelt eine Berge zu finden, eingeschreint im Herzen der Arbeiterklasse ... Und diese Gewissheit des Klassenbewusstseins, individuelle Fortdauer in sich aufhebend, ist in der Tat ein Novum gegen den Tod. [...] Verschwinden des Nichts im sozialistischen Bewusstsein ist Füllung dieses Nichts mit neuen humanen Inhalten."[42] Dass sich hier die Entindividualisierung aller kollektivistischen Ideologien zeigt, eng verwandt der nationalsozialistischen Parole „Du bist nichts, dein Volk ist alles", sei hier nur nebenbei angemerkt.

Das allein stellt Bloch nicht zufrieden, denn der Tod betrifft alle Menschen, und es bleibt auch in der idealen kommunistischen Gesellschaft der „naturhafte Tod, als der durch keine gesellschaftliche Befreiung berührbare". Bloch setzt aber in eschatologischer Spekulation auf eine letzte große Verwandlung der Materie, indem er seine Materialismusauffassung gegen eine streng determinierte *Klotzmaterie* des Vulgärmaterialismus abgrenzt, die keinen Spielraum für utopisches Denken lasse. Für ihn ist Materie vielmehr *gebärender Schoß, unvollendete Entelechie* und *offene Materie nach vorwärts,* die *voll Finalität treibt* und ihre „mögliche Frucht erst in einem latenten Noch-Nicht innehat"[43].

So gibt es nach Bloch „für unser Schicksal in der Natur noch keine positive, so auch keine abschließend negative Lösung"[44]. Die Hoffnung will er nicht aufgeben, verlegt sie aber in die Materie, die damit fast pantheistische Züge erhält. Letztlich erwartet er so etwas wie die Überwindung des Todes in dem zur Reife kommenden Wesenskern des Menschen, der die Macht über die Natur ergreift und dem die zugleich hervortreibenden, noch unvollendeten Möglichkeiten der Materie entgegenkommen. Bei Bloch liest sich das dann so:

„Theorie-Praxis, wenn sie die soziale Utopie berichtigt und auf die Füße gestellt hat, hat eines ihrer letzten Probleme im Kraut gegen den Tod. Sodass auch an der Todes- und Final-Utopie der möglich reale Sinn untersucht und, sollte er bestehen, mit dem realen Korrelat in der Welt vermittelt wird, das diese Intention nicht ganz heimatlos macht. Ihr gilt der Satz: Non omnis confundar / Nicht ganz werde ich in Unordnung geraten, nämlich in dem, was der Menschen bester Teil ist. Und des Menschen bester Teil, dieses sein gefundenes Wesen, ist zugleich die letzte und beste geschichtliche Frucht. Eine Natur, die nicht nur mit der Erde als totem Mond am Ende oder auch in stereotypen Sternvernichtungen, Sternentstehungen abläuft und so, bei allem mechanistischem Wechsel, auf der Stelle tritt, kann diese Frucht – nach keineswegs erledigter Hoffnung – in sich einschreinen, ja sie kann diese Frucht selber werden und muss sie nicht vernichten."[45]

Da Bloch sich als Materialist das Denken einer transzendenten Wirklichkeit verbieten muss, senkt er alles, auf das er seine Hoffnung gründen will, in „die Tiefe der *Immanenz*, die Immanenz der *Tiefe*" und spricht in paradoxer Formulierung von einem „Transzendieren ohne Transzendenz". Die Denkschwierigkeit, wie ein rein stoffliches Prinzip sich auf ein *Noch-Nicht* hin entwerfen kann, löst er mit der Annahme eines *Logikon*, das ein „Organisierendes in der Prozess-Materie" selber sein soll. Immaterielles Geistiges hat so doch wieder seinen Auftritt, auch wenn es durch die Hintertür hereinkommt. Es ändert nichts, dass Bloch es als „Realattribut des Materiellen" bezeichnet, bleibt doch das Intelligible, die Gesetzmäßigkeit in der Welt, selbst unräumlich und unstofflich, also einer geistig-idealen Sphäre zugeordnet, womit doch wieder etwas Jenseitiges in Blochs Weltentwurf hereinragt. Er selbst sieht das nicht und formuliert entsprechend schroff: „Ein Geist für sich und nichts als Geist, ganz ohne Stoff, ist noch nie gewesen."[46] Damit bleibt doch das Ärgernis der vollständigen Vernichtung durch den Tod bestehen.

Moderne Spielarten des Materialismus / Physikalismus

Immer also geht es dem Materialismus darum, Mentales bzw. das Geistseelische des Menschen auf Physisches zu reduzieren. Es wird mit neuronalen Vorgängen insbesondere im Gehirn gleichgesetzt oder aber als deren streng kausale Wirkung erklärt. Das stößt auf erhebliche Schwierigkeiten angesichts der gänzlich anderen Seinsweise des Mentalen, unter anderem angesichts seiner Unräumlichkeit und der Intentionalität des Bewusstseins, also der Möglichkeit, sich erlebnishaft auf etwas zu beziehen. Franz Brentano (1838–1917), der zuerst darauf hingewiesen hat, nennt anerkennen, lieben, hassen, begehren und urteilen als Beispiele für Intentionalität, die wir an keinem materiellen Sein finden können.

Neuere Ansätze versuchen, die nicht zu leugnende Eigenart des Geistigen mit modernen Denkansätzen dennoch reduktionistisch auf Materielles zurückzuführen:

- Der *Behaviorismus* will alles Mentale als Verhalten erklären, das sich nicht grundsätzlich vom Verhalten der Dinge unterscheide. Neben dem beobachtbaren Verhalten gäbe es verborgenes Verhalten als innere Zustände, beispielsweise des Gehirns. Die Rede vom Bewusstsein sei vorwissenschaftlich. Auch bei mentalen Vorgängen handle es sich um physisch determiniertes Verhalten. B.F. Skinner (1904–1990) ist der bekannteste Vertreter dieser Richtung. Der Titel seines utopischen Romans *Jenseits von Freiheit und Würde* signalisiert schon, wohin die Reise gehen soll.

- *Neurokybernetische Ansätze* ersetzen die überholten, rein mechanistischen Erklärungen des Bewusstseins durch kybernetische Regelkreismodelle, betrachten also den Menschen als eine Art Computer auf biologischer Grundlage, der durch *künstliche Intelligenz* früher oder später vollständig digital simuliert werden könne. Mentale Vorgänge sind nach dieser Auffassung funktionale Zustände des Nervensystems.

- *Supervenienztheorie und Epiphänomenalismus*: Unter Supervenienz versteht man den Zusammenhang von Eigenschaften, wobei sich Eigenschaft A notwendig ändert, wenn sich Eigenschaft B ändert. Man sagt dann: A superveniert über B. In Anwendung auf das Leib-Seele-Problem nehmen Supervenienztheorien an, dass mentale Zustände über physisch-materielle supervenieren. Notwendig müssen Änderungen physischer Zustände dann zugleich mit Änderungen mentaler einhergehen. Das kann als Identität oder als striktes Abhängigkeitsverhältnis gefasst werden. Im zweiten Fall wird dem Mentalen eine gewisse Eigenwirklichkeit zugestanden. Auch der Epiphänomenalismus erkennt die Eigenart des Mentalen an, behauptet aber eine kausale Abhängigkeit des

Mentalen vom Physischen. Das Mentale ist lediglich ein vom Physischen bewirktes Epiphänomen.

Es gibt noch zahlreiche Mischformen und Erklärungsversuche, darunter so eigenartige wie Chisholms Annahme eines Mikroteilchens im Gehirn, das Sitz des bewussten Ich sei.[47]

Einwände gegen den Materialismus / Physikalismus

Das Aktzentrum des Menschen mit allen mentalen Zuständen und Bewusstseinsinhalten ist also nach diesen Auffassungen mit dem Gehirn und neuronalen Prozessen identisch oder von diesen kausal hervorgebracht. Der Tod bedeutet dann die endgültige und vollständige Vernichtung des Menschen, denn nichts im Menschen könnte die Zerstörung oder den Zerfall seines physischen Seins überdauern. Dieser Schluss wäre aber nur zulässig, wenn sich das sicher nachweisen ließe, wenn also im Bild von Schelers Fliegenbeispiel der Materialismus zeigen könnte, dass die „Fliege" beim Zuschlagen der Tür mit zerquetscht wird, weil sie Teil der Tür oder fest an ihr angebunden ist (s. o. S. 21f.). Im Klartext gesprochen müsste also die Identität von Mentalem und Physisch-Materiellem oder die vollständige kausale Determinierung von Mentalem durch Materielles zu beweisen sein. Das ist jedoch nicht der Fall, denn es sprechen gewichtige Gründe gegen beide Annahmen und für die Eigenständigkeit des Mentalen bzw. des Geistseelischen und für dessen Zugehörigkeit zu einem grundsätzlich anderen, vom Materiellen unterschiedenen Seinsbereich.

Betrachten wir zunächst die Argumente gegen eine Identität des Mentalen mit Materiellem:

– Bewusstsein ist keine am Gehirn beobachtbare Eigenschaft. Man kann physische Zustände des Gehirns sichtbar machen, die mit mentalen einhergehen, Gedanken und Gefühle selbst aber können wir am Gehirn nicht wahrnehmen. Nur die Introspektion, die Rückwendung des Bewusstseins auf sich selbst, erschließt sie uns.

– Es ist nicht denkbar, dass physisch aus Teilen zusammengesetzte Strukturen des Gehirns die Einheit des Bewusstseins hervorbringen können. Die vereinheitlichende Totalität des Ich-Bewusstseins ist durch eine räumlich verteilte Struktur nicht zu erklären. Ein Gedanke hat keine räumliche Ausdehnung, im Gegensatz zu Materie und Energie, die beide Raum einnehmen.

– Der Mensch hat eine Innerlichkeit, in die man nicht hineinschauen kann. Dies sichert die absolute Privatheit des Seelisch-Geistigen. *Die Gedanken sind frei*, heißt es im Volkslied, Ärgernis aller Diktaturen. Man kann sich zwar in Analogie zum eigenen Erleben in einen Menschen einfühlen, was aber genau in ihm vorgeht, lässt sich auch mit Empathie nicht sicher erschließen. Jedes materielle Ding dagegen kann man aufbrechen und seinen physischen Kern zutage fördern.

– Im Selbstbewusstsein hat der Mensch die unmittelbar erfahrene Gewissheit seiner selbst als ein mit sich identisches Ich. Kein Ding und auch kein materielles System haben dieses Vermögen; sie können nicht den Gedanken fassen: „Ich bin".

– Bewusstsein hat Intentionalität, kann sich also auf äußere Gegebenheiten richten und sie erlebnishaft gegenwärtig haben als Vorstellungen, Urteile oder Gemütsbewegungen. Liebend habe ich das Geliebte gegenwärtig, urteilend das Beurteilte.[48] Kein Ding liebt oder hasst. Ein Computersystem kann bestimmte intentionale Vorgänge simulieren, zum Beispiel eine Entscheidung über Wahr und Falsch. Im Gegensatz zur Maschine aber, in der lediglich ein vordefinierter Algorithmus abläuft, hat der Mensch den Gegenstand des intentionalen Aktes bewusst zu eigen. Ein physisches System ohne Bewusstsein kann nicht über Wahr und Falsch *urteilen*, es kommt lediglich anhand programmierter Kriterien auf fest vorgegebenen Bahnen zu einem Ergebnis A oder B usw. Urteilen setzt voraus, dass man sich frei nach Gründen entscheidet. Diese Freiheit hat allein der menschliche Geist.

– Die in unserem Bewusstsein gegebenen subjektiven Eindrücke von etwas außer uns Gegebenem (die sogenannten *Qualia*) lassen sich nicht auf physisch-materielle Sinnesreize und ihre neuronalen Entsprechungen reduzieren. Die poetisch-romantisch erfahrene Blumenwiese ist etwas grundsätzlich anderes als das Gesamt der von ihr ausgehenden Lichtwellen, Duftstoffe und vielleicht noch taktilen Berührungen des frischen Grases an meiner Wade und der entsprechenden Nervenreize. Thomas Nagel hat das in einem epochemachenden Artikel am Beispiel der Fledermäuse verdeutlicht: Es ist anzunehmen, dass diese Säugetiere eine tierische Form des Bewusstseins ihrer Eindrücke von der Welt haben, die ihnen durch ihre Echo-Ortung vermittelt wird. Wir könnten aber noch so genau physikalisch erklären, wie die Echo-Ortung der Fledermäuse funktioniert, Zugang zu ihrer so gänzlich von der unseren unterschiedenen subjektiven Erfahrung haben wir damit nicht. Wir könnten nicht die Frage beantworten: „Wie ist es, eine Fledermaus zu sein?" (so der Titel des Aufsatzes von Nagel). „Der Grund ist, dass jedes subjektive Phänomen wesenhaft auf einen einzelnen Gesichtspunkt bezogen ist, und es erscheint unvermeidlich, dass eine objektive, physikalische Theorie diesen einzelnen Gesichtspunkt aufheben muss."[49]

Exkurs

Die vereinheitlichende Totalität des Ich-Bewusstseins ist eine der größten Herausforderungen für den Materialismus. Um diese Einheit materiell zu erklären, müssten wir einen Ort im Gehirn annehmen, der das vereinheitlichende Zentrum des Bewusstseins ist. Er müsste jedoch unräumlich sein, also nicht materiell, sonst wäre er selbst wieder eine räumlich verteilte Struktur. Diesen Widerspruch kann der Materialismus nicht auflösen. Auch Chisholms Annahme eines Mikroteilchens im Gehirn, das Sitz des bewussten Ich sein soll, erweist sich damit als unhaltbar.

Herman Schell (1850–1906) hat das bereits in außerordentlich klarer Weise gesehen und folgendermaßen erläutert: „Der Körper ist eine Einheit, welche aus anderen Einheiten entstehen und bestehen kann; die Seele ist eine Einheit, welche eine unbegrenzte Menge von anderen Einheiten in ihren innern Besitz aufnehmen kann, sei es als Inhalt ihres Bewusstseins, sei es als Ziel ihrer Tätigkeit. Diese Einheit des Besitzers und Inhabers ist eine wesentlich andere und höhere als die des Erzeugnisses, einer Summe oder eines Produktes. Der Besitzer ist nicht die Summe des Besitzes, sondern er hat sie. [...] Das Gehirn entbehrt trotz seiner kunstvollen Einrichtung eines Mittelpunktes, der alles beherrscht und alle Veränderungen als Brennpunkt sammelt, wenn auch nur in äußerlicher Weise. Die Seele ist innerliche Verknüpfung, Vergleichung, Wechseldurchdringung aller möglichen Sachen und Formen, aber so, dass die alleinbeherrschende Einheit außer jedem Zweifel steht. Das Gehirn ist eine Gruppe ohne Zentrum; die Seele gleicht einer absoluten Mo-

narchie, die nur e i n e n Herrn und Besitzer kennt. *Das Gehirn ist trotz aller Feinheit seiner Struktur und trotz aller Wunder seiner Verrichtungen eine gegenständliche M a s s e , eine gegenständliche Wirklichkeit, die nichts in Besitz zu nehmen vermag; Sache, aber nicht Eigentümer. Die Seele hingegen ist eine lebendige Rückbeziehung und Besitznahme für ein Ich; ein durchsichtiges Aneignen, ein wertfühlendes Durchdrungenwerden und Umfangen der Wirklichkeit, sowohl des eigenen Leibes wie der näheren und weiteren Umgebung.*"[50]

Die dargelegten Argumente gegen eine Identität von Mentalem und Physischem sind schwerwiegend und haben den Materialismus zur Aufgabe dieser Position gezwungen. Um aber an einer naturalistischen Weltsicht festhalten zu können, versuchen neuere Ansätze die durchgängige Abhängigkeit des Mentalen vom Physischen zu zeigen, als Epiphänomen oder im Sinne einer Supervenienz. Epiphänomenalismus und Supervenienztheorie sind nämlich durch den Nachweis der Unräumlichkeit des Bewusstseins nicht widerlegt, denn die Funktionen an einem materiellen System sind ebenfalls nicht räumlich. Jedoch sprechen gewichtige Gründe auch gegen diese materialistischen Erklärungsversuche. Hans Jonas (1903–1993) hat ihre inneren Widersprüche und absurden Konsequenzen mit seiner Schrift *Macht und Ohnmacht der Subjektivität* aufgedeckt[51]:

– Das Subjekt erfährt sich als wirkmächtig, seiner selbst bewusst und als den Ursprung seiner Handlungen und Gedanken. Hätten die materialistischen Thesen Recht, wäre das lediglich eine Illusion. Alles würde in uns so ablaufen, wie es von materiellen Ursachen her vollständig bestimmt ist. Was aber täuscht sich dann? Was soll der evolutionäre Sinn dieser Illusion sein? Denn Bewusstsein wäre dann überflüssig, weil ohne eigene Wirkmächtigkeit und eigenen Zweck.

– Wie kann eine Theorie dieser Illusion überhaupt zustande kommen? Ein Subjekt, das sie formuliert, ist ja selbst in dieser Illusion befangen bzw. es gibt danach gar kein Subjekt, da es selbst auch nur Illusion ist. Wir hätten also die Illusion einer Illusion, die ohne jeden Sinn in dieser absurden Endlosschleife gefangen wäre.

– Gedanken könnten nicht aufeinander aufbauen und unser Denken damit keinen zusammenhängenden Gedankengang hervorbringen, denn es ist einseitig in Abhängigkeit von Physischem gedacht, das alles Mentale bewirkt.

– Der Materialismus, der gerne mit der geschlossenen Naturkausalität argumentiert, widerspricht sich selbst, wenn er das Mentale rein als Wirkung versteht, das selbst keinerlei Wirkmächtigkeit hat, denn nach physikalischer Grundannahme hat jede Wirkung eine Gegenwirkung.

Mit der größeren Mannigfaltigkeit des Mentalen argumentiert Hans Driesch (1867–1941):[52]

– Phänomenologisch vergleicht er die physischen und psychischen *Urdinge*, also letzte Gegebenheiten, die nicht auf andere zurückführbar sind, und ihre denkbaren Beziehungen untereinander. Er kommt so zum Schluss, dass die Mannigfaltigkeit im Psychischen, das eine außerordentliche Vielfalt der Beziehungen zwischen Vorstellungen und Empfindungen beinhaltet, deutlich höher ist als im Physischen, das immer eine Beziehung des Neben ist mit ihren Varianten. Die Annahme, dass es zu jedem psychischen Vorgang einen entsprechenden physischen gibt, wie es der Epiphänomenalismus und die Supervenienztheorie annehmen müssen, lässt sich also nicht halten.

Franz von Kutschera argumentiert ähnlich, aber mit den Mitteln der Analytischen Philosophie:[53]

– Er zeigt, dass die Menge der doxastischen Sachverhalte, also die Sätze des Glaubens oder Meinens, nicht abschließbar ist, weil sie eine offene Hierarchie darstellt („Person Y glaubt, dass X glaubt, dass p; ferner, dass Z glaubt, dass Y glaubt, dass X glaubt, dass p usw."). Die Menge der physischen Sachverhalte jedoch ist es. Demnach kann es nicht zu allen mentalen Vorgängen genau einen zugehörigen physischen geben, über den der mentale superveniert, wie es neuere materialistische Ansätze behaupten. Ferner kann man zeigen, dass die Menge der Einstellungen des Glaubens und Meinens die Potenzmenge aller physischen Zustände ist und damit mehr Elemente enthält als diese. Kutschera schlussfolgert: „Es kann kein System psychophysischer Gesetze geben, das für jeden psychischen Sachverhalt Bedingungen seines Bestehens angibt."[54]

Ebenso wenig erklärbar ist die *Entstehung* des Bewusstseins aus materiellen Ursachen. Daher scheitern naturalistische Ansätze der sogenannten *Evolutionären Erkenntnistheorie*, die im Bewusstsein ein Ergebnis des Selektionsvorteils sehen, den intelligenter Werkzeuggebrauch und abstraktes Denken für die Hominiden bedeutet haben.[55] Eine solche schrittweise Entstehung des Seelisch-Geistigen aus einer materiellen Grundlage ist nicht denkbar, da Geistiges und Physisches zwei grundsätzlich unterschiedliche Seinsbereiche sind, wie gezeigt wurde. Die Lösung für dieses Problem wird in der sogenannten *Emergenz* gesucht, die das plötzliche Auftreten neuer Eigenschaften mit dem Zusammenschluss einzelner Elemente eines Seienden zu höherer Komplexität erklären soll. Auf Seelisch-Geistiges angewendet, versucht man dessen Entstehung auf eine fortgeschrittene Entwicklungsstufe des Gehirns und verstärkende Rückkopplung durch entstehende Sprache und Kultur zurückzuführen. Ein noch so hoch entwickeltes Gehirn bleibt aber eine räumliche Struktur, die das Bewusstsein als eine nichträumliche Einheit nicht erklärt. Und abstraktes Denken und Kultur setzen frei handelnde Personen und Selbstbewusstsein schon voraus. Emergenz, übersetzt als das „Auftauchen von etwas Neuem", bleibt damit ein Begriff für etwas, das man nicht versteht. Dies gilt entsprechend für den von Konrad Lorenz geprägten Begriff der *Fulguration*, der ein blitzartiges Auftreten neuer Eigenschaften eines Systems bezeichnet. Damit sind beide Begriffe nichts als Lückenbüßer-Hypothesen für die naturalistisch und evolutionsbiologisch unerklärbare Realität des Geistes, die diese Leerstelle des materialistischen Weltbildes ausfüllen müssen.

Dass es nur eine Frage der Zeit ist, bis die Neurowissenschaft dann doch die Erklärung finden wird, muss bezweifelt werden, denn Geistiges ist *prinzipiell* nicht in Physisches übersetzbar. Leibniz hat das bereits mit seinem Mühlenbeispiel anschaulich gemacht: „Angenommen, es gäbe eine Maschine, deren Struktur zu denken, zu fühlen und Perzeptionen zu haben erlaubte, so könnte man sich diese derart proportional vergrößert vorstellen, dass man in sie eintreten könnte wie in eine Mühle. Dies vorausgesetzt, würde man, indem man sie von innen besichtigt, nur Teile finden, die sich gegenseitig stoßen, und niemals etwas, das eine Perzeption erklären könnte. Also muss man danach in der einfachen Substanz und nicht im Zusammengesetzten oder in einer Maschine suchen."[56] Ersetzt man das Leibniz'sche Beispiel der Mühle durch elektronische Schaltkreise eines digitalen Systems, bleibt das Bild uneingeschränkt wahr. Alle kybernetischen Modelle des Bewusstseins sind also davon mitbetroffen.

Ein nur scheinbar starkes Argument für den Materialismus ist der Hinweis auf die Geschlossenheit der Naturkausalität und damit auf den Energieerhaltungssatz. Ein Eingriff durch mentale Verursachung, insbesondere durch einen willentlichen Akt, sei unter diesen Bedingungen unmöglich. Man kann aber durchaus und ohne Verstoß gegen das Kausalitätsprinzip annehmen, dass mit den Handlungen freier Subjekte neue Kausalketten anheben, worauf bereits Kant hingewiesen hat.[57] Außerdem geht die Physik selbst nicht von einer solchen Geschlossenheit aus, sie kann es auch gar nicht, denn die Quantenphysik zeigt, dass der Eingriff eines Experimentators das beobachtete physikalische System verändert.[58] Karl Popper hat zudem schlüssig dargelegt, wie die Sachverhalte der Welt des Idealen und der Kulturerzeugnisse (er spricht von Welt 3), also etwa wissenschaftliche Erkenntnisse, Theorien, Pläne, Konzepte, über das Handeln des Menschen (Welt 2 / das Psychische) auf die physische Welt (Welt 1) einwirken.[59]

Wir können also die Gründe des Materialismus für seine Ganztodbehauptung abweisen und dürfen damit im Sinne von Schelers Fliegenbeispiel (s. o. S. 21f.) weiter an der Möglichkeit festhalten, dass die „Fliege" nicht automatisch beim Zuschlagen der Tür zerquetscht wird, mit anderen Worten, dass die Seele beim Tod nicht mit dem Leib vergeht. Der Mensch ist eben mehr als bloßer „Sternenstaub", denn in ihm wirkt eine geistige Instanz, die Seele, die immateriell ist und ein von physischen Ursachen unabhängiges Sein hat, wobei leib-seelische Zusammenhänge unbestreitbar sind. Mehr dazu später.

Exkurs

Trotz der grundsätzlichen Schwierigkeiten materialistischer Denkansätze verspricht man sich immer noch den baldigen Durchbruch auf der Suche nach streng neurophysiologischen Erklärungen der Bewusstseinsvorgänge. Man stützt sich dabei auf moderne Methoden der Gehirnforschung und aufwändige bildgebende Verfahren, mit denen man quasi in die „Mühle" des Gehirns schauen will, um im Bild von Leibniz zu bleiben. Die hohen Erwartungen wurden bisher enttäuscht: Im Jahre 2004 haben elf Neurologen, unter anderem Gerhard Roth, Wolf Singer und Christian Elger, in einem „Manifest der Hirnforscher" erklärt, in den nächsten 20 bis 30 Jahren werde man „widerspruchsfrei Geist, Bewusstsein, Gefühle, Willensakte und Handlungsfreiheit als natürliche Vorgänge ansehen, denn sie beruhen auf biologischen Prozessen". Die Bilanz nach 10 Jahren ist ernüchternd, denn es hat seit dem Manifest keinen Erkenntnisfortschritt in dieser Hinsicht gegeben. Insbesondere die Kernspintomografien haben sich als trügerisch und wenig ergiebig erwiesen: „So gilt heutzutage eine Geistesfunktion häufig schon als ‚erklärt', wenn man im Kernspintomografen zeigen kann, welches Hirnareal dabei aktiv wird. Dummerweise sind solche Zuordnungen alles andere als eindeutig. Darauf hat kürzlich auch der Neuropsychologe Ernst Pöppel hingewiesen. Ihm ist aufgefallen, dass die In-

selrinde (Insula) im Cortex offenbar ein artistischer Multitasker ist. Je nach Studie scheint sie mal verantwortlich für negative Emotionen, mal für Körpergefühl, wahlweise auch für Aufmerksamkeit, Schmerz, Sex, Begierde oder Zeitgefühl."[60] Man darf ergänzend darauf hinweisen, dass ein empfundener Schmerz ebenso wie andere Empfindungen oder Emotionen grundsätzlich nicht abgebildet werden können, denn sie sind etwas völlig anderes als die mit ihnen möglicherweise zusammen auftretenden Änderungen der Gehirnaktivität. Nur diese lassen sich mit bildgebenden Verfahren erfassen.

Panpsychismus

Eine philosophische Strömung, die dem unbestreitbar existierenden Geistseelischen in seiner Eigenwirklichkeit Rechnung tragen will, ist der Panpsychismus.[61] Die Schwierigkeit zu erklären, wie Seelisches und Bewusstsein entstehen und in ihrer Eigenheit zu verstehen sind, löst diese Denkrichtung, indem sie annimmt, dass alles Sein von Anfang an auch eine seelische Innenseite hat. In seinen niederen Entwicklungsstufen existiere dieses Seelische als Vorbewusstes, sogenanntes Protomentales, also quasi schlafend. Es könne sich über das Organische und Seelische bis hin zum Geistigen entfalten. Das Auftreten des Bewusstseins scheint dann leichter verstehbar als unter materialistischen Annahmen, da Psychisches zumindest als Vorbewusstes immer schon vorhanden ist, das dann gewissermaßen nur erwachen muss. Der Materialismus scheitert ja daran, dass er die Entstehung, der vollkommen anderen Seinsweise des Psychischen aus physischen Grundlagen durch die sogenannte Emergenz nicht plausibel machen kann und zudem mit seinen Mitteln keinen Zugang zum Bereich des Subjektiven hat.

Wie der Materialismus hat auch der Panpsychismus unterschiedliche Ausprägungen. Psychisches kann als eine Art seelisches Fluidum die Welt durchwirken, etwa als Weltwille wie bei Arthur Schopenhauer (1788–1860) oder als göttliche Allnatur wie bei Baruch de Spinoza (1632–1677). Man spricht vom *neutralen Monismus*, weil danach weder Materie noch Geist allein das Sein ausmachen, sondern eine Basiswirklichkeit, die beides vereint. Der Panpsychismus tritt auch in quasi „atomistischem" Gewand auf. Baustoff des Wirklichen sind in dieser Variante beseelte Einheiten, beispielsweise die *Monaden* bei Gottfried Wilhelm Leibniz (1646–1716) oder *Ereignisse (events)* bei Alfred North Whitehead (1861–1947).

Versteht der Panpsychismus die von ihm angenommene doppelseitige Basiswirklichkeit als rein naturalistisches Prinzip, streift er an den Materialismus, etwa bei Schopenhauer. Umgekehrt kann auch der Materialismus panpsychistische Züge annehmen, denn er steht immer vor der Frage, wie Ordnungshaftes in die Materie kommt, und insbesondere, wie Geistseelisches aus ihr entsteht. Blochs *Logikon* etwa, das ein „Organisierendes in der Prozess-Materie" selber sein soll (s. o. S. 57), ist mit dem Panpsychismus verwandt.

Wird die panpsychistisch gedeutete Wirklichkeit auf ein übergeordnetes intelligibles Schöpferprinzip zurückgeführt, verbindet sich der Panpsychismus auch mit religiösen Vorstellungen: mit dem Pantheismus (Gott und die Welt sind identisch) wie bei Spinoza oder dem Panentheismus (die Welt ist nicht mit Gott identisch, aber in ihm) wie bei Whitehead oder auch dem Theismus (Gott wirkt in der Welt, ist aber als ihr Schöpfer von ihr geschieden) wie bei Leibniz.

Die panpsychistische Lösung des Leib-Seele-Problems wurde immer wieder versucht, bis in die Gegenwart hinein. Bereits bei den Vorsokratikern finden sich entsprechende Ansätze. Neben den bereits genannten Denkern gehört der Renaissancephilosoph Giordano Bruno (1548–1600) ebenso in diese Richtung wie die neuzeitlichen Philosophen Gustav Theodor Fechner (1801–1887), Rudolf Hermann Lotze (1817–1881), William James (1842–1910), Wilhelm Wundt (1832–1920) und Friedrich Paulsen (1846–1908), um nur einige zu nennen. Moderne Spielarten werden von einflussreichen angelsächsischen Denkern vertreten, unter anderem von Bertrand Russell (1872–1970) und aktuell von David Chalmers. In Deutschland argumentiert Godehard Brüntrup für diese Position. Näher werde ich im Folgenden die Lösungen von Spinoza, Leibniz, Schopenhauer und schließlich Whitehead zusammen mit zeitgenössischen Vertretern dieser Richtung betrachten. Wir werden sehen, welche Konsequenzen der Panpsychismus für die Frage nach dem Tod hat.

Spinozas Pantheismus

Spinoza entwickelte seine Philosophie auf der Grundlage einer radikal neuen Definition der Substanz. Bei René Descartes (1596–1650) war dies bereits angelegt, aber nur halbherzig durchgeführt worden. Die klassische Philosophie seit Aristoteles (384–322 v. Chr.) verstand unter Substanz ein Seiendes, das in der Zeit als Identisches beharrt und nicht Eigenschaft von etwas anderem ist. Sie hat Selbststand, kann aber sowohl verursacht als auch endlich sein. Spinoza nun definierte Substanz als das, was den Grund in sich selbst hat. Gleich zu Anfang seines Hauptwerks *Ethik* legt er damit das Fundament für seine gesamte Philosophie: „Unter *Substanz* verstehe ich das, was in sich ist und aus sich begriffen wird; das heißt das, dessen Begriff nicht eines andern Dinges Begriff bedarf, um daraus gebildet zu werden."[62]

Das Weitere folgt notwendig aus dieser Voraussetzung. So wie Spinoza Substanz versteht, erfüllt allein Gott die Bedingungen, das heißt, es gibt konsequenterweise dann nur eine einzige göttliche Substanz, die mit der Allnatur identisch ist. Alles Sein ist Seinsweise und Eigenschaft Gottes. Wir haben hier also einen Pantheismus vor uns. Denken und Ausdehnung sind zwei der unendlich vielen Attribute dieser einen, alles umfassenden göttlichen Substanz. Die Seele wiederum ist eine der zahllosen Modifikationen des Denkens, der Leib entsprechend eine der Ausdehnung. Beide sind nur unterschiedliche Gesichtspunkte an dem einen und einzigen Sein, wie Spinoza ausführt: „Alles, was von dem unendlichen Verstande, als das Wesen der Substanz ausmachend, wahrgenommen werden kann, alles dies gehört nur zu *einer* Substanz, und folglich ist die denkende Substanz und die ausgedehnte Substanz eine und dieselbe Substanz, welche bald unter diesem, bald unter jenem Attribute aufgefasst wird."[63] Damit sind sie wesenhaft aufeinander abgestimmt, womit das Leib-Seele-Problem eine einfache Lösung hätte. Spinoza ist mit diesen Gedanken Vorläufer moderner Theorien des Panpsychismus und im engeren Sinne eines neutralen Monismus, die heute wieder überzeugte Anhänger finden.

Wie nun ist nach Spinoza das Schicksal der Seele? Da die göttliche Allsubstanz für ihn nicht frei nach Zwecken handelt, sondern mit Notwendigkeit wie nach geometrischen Gesetzen alles in sich selbst hervorbringt und wieder in sich aufnimmt, ist für Spinoza die Seele nur eine flüchtige Erscheinung im All-Leben Gottes. Ein freies Individuum mit Selbststand im Sinne der alten Definition der Substanz, das verantwortlich Gott gegenübersteht, ist so nicht möglich. Damit entfällt auch die Grundlage für ein Weiterleben der Seele. Sie vergeht mit dem Leib, weil sie lediglich dessen anderer geistiger Aspekt ist. Spinoza sagt es klar und unmissverständlich: „Da der Mensch ein geschaffenes endliches Ding usw. ist, ist das, was er vom Denken hat und was wir Seele nennen, notwendigerweise eine Modifikation des Attributs, das wir Denken nennen, ohne dass zu seinem Wesen irgendein anderes Ding als diese Modifikation gehörte, und zwar so sehr, dass, wenn diese Modifikation zunichte wird, auch die Seele vernichtet wird, obschon das vorangehende Attribut unveränderlich bleibt."[64]

In modernem Gewand, unter naturalistischen Vorzeichen und mit Erkenntnissen der Physik argumentierend, vertrat Bertrand Russell einen solchen neutralen Monismus. Für ihn ist „die Unterscheidung zwischen Physischem und Psychischem eine oberflächliche und irreale". Die Bewusstseinsvorgänge erklärt er mit einem *psycho-cerebralen Parallelismus*, wobei er sehr verkürzend von *Wahrnehmungsinhalten* und *physikalischen* Reizen spricht, die korreliert werden. Damit steht er materialistischen Ansätzen nahe, und es verwundert nicht, dass nach seiner Auffassung „die Ursachen unserer Gemütsbewegung beim Lesen Shakespeares oder beim Anhören Bachs rein physikalische sind"[65]. Ein Leben nach dem Tod ist so ausgeschlossen, denn unser seelisches Leben ist an das Gehirn gebunden.

Leibniz vertritt die „atomistische" Richtung des Panpsychismus, die er in seiner knappen, aber wirkungsreichen Schrift *Monadologie* zusammenfassend dargestellt hat.[66] Grundelemente der Welt sind danach einfache, körperlose Substanzen, die nicht wieder aus Teilen zusammengesetzt sind. Sie haben als ihr inneres Leben eine „Vielzahl von Affekten und Beziehungen". Auf niederen Stufen sind sie in einem unbewussten, schlafartigen Zustand, den Leibniz *Perzeption* nennt, aber deshalb nicht weniger aktiv. Ihre innere Bewegung folgt einem Begehren (Appetit). Sie sind daher auch *Entelechien*, also etwas aus sich selbst auf ein Ziel Strebendes. Höhere Monaden, etwa beim Tier, können *Apperzeption*, also Bewusstsein haben im Unterschied zur bloßen Perzeption. Die bewussten Monaden mit Gedächtnis wie beim Tier nennt Leibniz Seele. Der Mensch steht noch darüber, denn er hat Vernunft, kann also abstrakte Wahrheiten erfassen bis hin zur Erkenntnis Gottes. Die mit Vernunft ausgestatteten Monaden nennt Leibniz *vernünftige Seele oder Geist*.

Monaden sind autonom und können nicht direkt aufeinander einwirken, sie „haben keine Fenster", wie Leibniz das ausdrückt. Gott als die oberste einfache und vollkommene Ursubstanz stimmt sie aufeinander ab wie Uhrwerke. Indem sie so in sich die möglichen Beziehungen zu allen anderen Monaden enthalten, sind sie zugleich ein „lebendiger Spiegel des Universums". Monaden entstehen nach einer der unvergänglichen Formulierungen von Leibniz „durch kontinuierliches Aufleuchten der Gottheit von Augenblick zu Augenblick".

Organische Gebilde erklärt Leibniz damit, dass die Körper der Lebewesen eine Seele als „herrschende Entelechie" haben, alle Teile des Körpers ebenso im Sinne einer in sich geschachtelten Hierarchie. Das Zusammenwirken von Seele und organischem Körper lässt sich, wie die gesamte Harmonie der Welt, durch die von Gott für sie bestimmte Zusammenordnung erklären: „Die Seele folgt ihren eigenen Gesetzen und der Körper den seinen, und sie stimmen überein kraft der *prästabilierten Harmonie* zwischen allen Substanzen, da sie alle Vorstellungen eines und desselben Universums sind. Die Seelen sind tätig gemäß den Gesetzen der Finalursachen durch Appetit, Zwecke und Mittel. Die Körper sind tätig gemäß den Gesetzen der Wirkursachen oder Bewegungen. Und die beiden Reiche, das der Wirkursachen und das der Finalursachen, befinden sich in Harmonie miteinander." Die jeweiligen Perzeptionen in Körper und Seele ermöglichen, dass sie voneinander wissen. Die Vorstellung, sie könnten einander beeinflussen, ist jedoch Illusion. Alles läuft nur so ab, *als ob* es so sei.

Monaden entstehen mit der Welt und enden erst mit ihr. Der Tod ist nur eine vorübergehende „Einschachtelung und Verminderung", wie Leibniz sagt. Alles ist in einem ständigen Fluss der Umbildung, der Ausfaltung und wieder Einfaltung des inneren Lebens der Monaden. Die Monadologie von Leibniz ist zwar ein Monismus, da alles Wirkliche auf ein Prinzip zurückgeführt wird, nämlich die Monaden, da diese aber individuelle Substanzen sind und jede von allen anderen unterschieden ist, findet der Gedanke des Weiterlebens bei Leibniz eine Grundlage. Der Geist des Menschen ist dazu berufen, denn er ist durch seine Vernunft aus allen anderen Monaden dadurch herausgehoben, dass er sich zu Gott in Beziehung setzen, ja mit ihm in Gemeinschaft treten kann. Die Gemeinschaft der Geister mit Gott als ihrem väterlichen Monarchen bildet einen

Gottesstaat, der die höchste erreichbare Harmonie darstellt. In dieser liebenden Einheit mit Gott findet der Mensch seine Glückseligkeit, sodass nach Leibniz der Tod tatsächlich eine letzte Erfüllung ist.

In jüngerer Zeit wurde vom englischen Philosophen und Mathematiker Alfred North Whitehead (1861–1947) eine Kosmologie entwickelt, die mit der Monadologie verwandt ist. Vermittelt über ihn hat eine moderne Form des Panpsychismus den Gedanken von Leibniz, es müsse beseelte Grundeinheiten der Welt geben, wieder aufgenommen und weiterentwickelt (s. u. S. 79–82).

Schopenhauers Willensphilosophie

Eine weitere Spielart des panpsychistischen Monismus ist Schopenhauers Willensphilosophie. Schopenhauer geht von Kant aus, ist aber auch stark von Humes empiristischem Denken und der zu seiner Zeit Erfolge feiernden Naturwissenschaft beeinflusst. Wir finden daher die charakteristischen Grundmuster des naturalistischen Denkens in seiner Philosophie wieder, namentlich die Rückführung des Geistigen auf eine einfache, einheitliche und unbewusste Wirklichkeitsdimension, die alles gesetzmäßig und ohne Zwecke bewirkt. Bei Schopenhauer ist dies jedoch nicht die Materie, sondern ein quasi psychischer Weltstoff, der sogenannte *Weltwille*, der alles Sein in blindem Drang aus sich hervortreibt. Die Welt ist nur Vorstellung und damit Schein, die einzig wahre und vom Wechsel der Erscheinungen unberührte Wirklichkeit ist der allem zugrunde liegende Weltwille. Der Tod des Individuums ist belanglos, denn es ist nur eine der vielen Erscheinungsformen des Weltwillens. Der Wille, der im Menschen wirkt und ihn bewirkt, nimmt die flüchtige Erscheinung des Individuums wieder in sich auf. Ein individuelles Weiterleben gibt es nicht. In seinem Hauptwerk *Die Welt als Wille und Vorstellung* führt Schopenhauer dazu aus: „Das Bewusstsein hingegen besteht im Erkennen; dieses aber gehört, wie genugsam nachgewiesen, als Tätigkeit des Gehirns, mithin als Funktion des Organismus, der bloßen Erscheinung an, endigt daher mit dieser: Der Wille allein, dessen Werk oder vielmehr Abbild der Leib war, ist das Unzerstörbare."[67] Wir erkennen darin leicht die Verwandtschaft mit materialistischen Ansätzen.

Schopenhauer ist überholt und nur noch historisch interessant. Seine Ableitung des Weltwillens beruht auf einem nicht nachvollziehbaren Analogieschluss von den in uns selbst erfahrenen Willensstrebungen auf ein allgemeingültiges metaphysisches Prinzip, den Weltwillen.

Zitiert sei aber noch sein Versuch einer Trostphilosophie, wie sie für naturalistisches Denken kennzeichnend ist. Es ist der Gedanke, im Kreislauf der Natur aufzugehen und in Bäumen und Blumen weiterzuleben: „Wie?' wird man sagen, ‚das Beharren des bloßen Staubes, der rohen Materie, sollte als eine Fortdauer unseres Wesens angesehen werden?' Oho! Kennt ihr denn diesen Staub? Wisst ihr, was er ist und was er vermag? Lernt ihn kennen, ehe ihr ihn verachtet. Diese Materie, die jetzt als Staub und Asche daliegt, wird bald, im Wasser aufgelöst, als Kristall anschießen, wird als Metall glänzen, wird dann elektrische Funken sprühen, wird mittels der galvanischen Spannung eine Kraft äußern, welche, die festen Verbindungen zersetzend, Erden zu Metallen reduziert; ja, sie wird von selbst sich zu Pflanze und Tier gestalten und aus ihrem geheimnisvollen Schoß jenes Leben entwickeln, vor dessen Verlust ihr in eurer Beschränktheit so ängstlich besorgt seid."[68]

Dies ist auch heute eine weit verbreitete Vorstellung. Ich vermute, solche Gedanken haben eine jung gestorbene Freundin veranlasst, sich Weizenkörner statt Erde von den Trauergästen ins Grab streuen zu lassen.

Whiteheads Prozessphilosophie und moderne Spielarten des Panpsychismus

Whiteheads Prozessphilosophie ist eine moderne Variante des atomistischen Panpsychismus. Baustoff der Welt sind danach letzte Einheiten, die von einem unbewusst psychischen Leben bestimmt sind, wie in der Monadologie von Leibniz. Anders aber als in dieser gibt es für Whitehead keine Substanzen. Alles Feste, Beharrende wird zu einer ständigen Bewegung verflüssigt und in dynamische Prozesse aufgelöst. Die konkretesten, realen Dinge (*actual entities*) sind Ereignisse (*actual occasions*), die durch „Gefühl, Zwecksetzung, Wertung und Verursachung" aufeinander einwirken. Im Unterschied zu den vollkommen gekapselten, fensterlosen Monaden stehen sie also miteinander in Verbindung. Es sind „komplexe und ineinandergreifende Erfahrungströpfchen" (*drops of experience*), die danach streben, sich zu größeren Einheiten zu verbinden. Die Verbindung zwischen den Ereignissen als *Einheit des Bezogenseins* nennt Whitehead *Nexus*. Ordnung in dieses prozesshafte Treiben bringen die *zeitlosen Gegenstände* (*eternal objects*), die reine Potenziale, also Möglichkeiten für die Verbindung der Ereignisse zu Einheiten höherer Ordnung darstellen. Es sind quasi ideale Baumuster für abgegrenzte *Formen* der Realität.[69] Elementares Prinzip ist nach Whitehead *Kreativität*, die dem kosmischen Prozess zugrunde liegt, der mit unerschöpflicher Originalität die Vielheit der Ereignisse zur Einheit des Universums verbindet. Die erste Verkörperung der Kreativität ist Gott, mit dem die zeitlosen Gegenstände als seine *Urnatur* gegeben sind. Dieses uranfängliche Sein Gottes ist rein begrifflich-ideal. Es verwirklicht sich im physischen und zeitlichen Werdeprozess der Welt als Gottes *Folgenatur*, bis die Schöpfung an ihr Ziel kommt und alles von Liebe durchflutet ist.[70]

Wichtig für unsere Frage nach dem Weiterleben ist hier vor allem, wie in diesem von kreativer Unruhe getriebenen Weltprozess ständiger Veränderung der einzelne Mensch zu verstehen ist. Da in Whiteheads Bild der Welt alles vom Prozess her und von dessen Ziel aus gedacht ist, tritt die Bedeutung des Einzelnen zurück, ihm bleibt nur, „ein Element zu sein, das zum Werdeprozess beiträgt". Eine dauerhafte Seele gibt es dementsprechend nicht. Die Person ist ein „lebender Nexus", ein „Faden personaler Ordnung entlang eines historischen Weges seiner Elemente" und „der historische Weg lebender Ereignisse, die jeweils zu aufeinanderfolgenden Augenblicken im Körper vorherrschen". Der Mensch ist also Prozess unter Prozessen und trägt damit zu dem großen kosmischen Zusammenklang bei, in dem alles mündet. Er wird unvergängliche Tatsache. Insofern ist er für Whitehead *objektiv unsterblich*, jedoch nicht als Individuum.[71]

Whiteheads Denken hat einen eminent religiösen Grundzug bis hin zu einer eigenen Eschatologie, also einer Lehre von den letzten Dingen. Sie münden für Whitehead in einer großen, endgültigen Verwandlung: „Was in der Welt getan wird, verwandelt sich in die Realität des Himmels, und die Realität des

Himmels geht wieder über in die Welt." Nichts ist vergeblich, nichts umsonst getan, denn „jede Wirklichkeit in der zeitlichen Welt wird in Gottes Natur aufgenommen"[72]. So wundert es nicht, dass Whiteheads Philosophie auch eine eigene Richtung der Theologie hervorgebracht hat, die sogenannte *Prozesstheologie*. Denker, die den klassischen Begriff der Substanz nicht mehr für tragfähig halten, sehen eine Lösungsmöglichkeit für das Leib-Seele-Problem in einem Panpsychismus, der auf Whiteheads Prozessphilosophie aufbaut, aktuell unter anderem Godehard Brüntrup.

Als Philosoph mit christlichem Hintergrund kann Brüntrup allerdings nicht bei dem Gedanken einer objektiven Unsterblichkeit stehen bleiben. So will er zeigen, dass auch ein persönliches Weiterleben mit der Prozessphilosophie vereinbar ist, in der die personale Identität des Menschen sich in einen *lebenden Nexus*, also eine Abfolge von Ereignissen in der *Einheit des Bezogenseins* verflüssigt. Seine Lösung ist die höchst abstrakte Konstruktion einer *Kontinuante, die in der Zeit identisch bleibt.* Für Personen ist die durchgehaltene *Erste-Person-Perspektive* („*Ich*" sagen können) das Identitätskriterium. Allerdings ist eine solche blutleere, abstrakte Kontinuante kein substanzielles Etwas, das weiterleben könnte. Das erkennt Brüntrup natürlich selbst: „Denn der sterbende Organismus hat eben nicht die kausalen Kräfte, einen Folgezustand hervorzubringen, der die Erste-Person-Perspektive weitergibt."[73] Der Strom des Bewusstseins reißt ab. Gott muss den Faden also wieder anknüpfen und einen Folgezustand schaffen. Damit ist aber die Identität mit der abgerissenen Kontinuante nicht gewahrt. Brüntrup argumentiert hier wiederum sehr abstrakt dafür, dass die Einheit der Person im Jenseits „durch einen geistigen Akt Gottes konstituiert wird"[74]. Fraglich scheint mir allerdings, ob die Fülle eines gelebten Lebens und einer Person zur Kontinuität der *Erste-Person-Perspektive* abstrahiert werden kann. Und schließlich spricht viel dafür, dass mit dem Tod die Zeit, wie wir sie hier kennen, aufgehoben wird, sodass die Vorstellung eines Prozesses keinen Sinn macht. Was ist eine prozesshaft verstandene Person noch, wenn die Zeit im Jenseits zu einem *ewigen Jetzt* gerinnt, wie Brüntrup selbst vermutet?

Für solche an Whitehead anknüpfenden Ansätze und dessen Philosophie selbst gelten zudem die allgemeinen Einwände gegen den Panpsychismus, die ich im Folgenden darstellen werde.

Einwände gegen den Panpsychismus

Ähnlich wie beim Materialismus also hat der Panpsychismus Schwierigkeiten, den Selbststand des Individuums zu begründen. Er tendiert dazu, das Einzelne als ein vorübergehendes und unselbstständiges Moment an der einen übergeordneten Wirklichkeit zu betrachten, die alles hervortreibt und wieder in sich aufnimmt. Es geht dann mit dem Tod wieder ein in das göttliche All-Leben, in die Weltseele, den Werdeprozess der Welt, löst sich auf im Weltwillen. Ein individuelles Weiterleben ist damit ausgeschlossen, denn es gibt nichts Beharrendes, an das es sich knüpfen könnte. Allein Leibniz bildet hier die Ausnahme, weil bei ihm die Wirklichkeit aus einer Vielheit individueller Substanzen besteht. Gegen den Panpsychismus sprechen jedoch überzeugende Argumente:

Lassen wir die hochspekulativen älteren Systeme des Panpsychismus, die auf nicht nachvollziehbaren Grundannahmen beruhen, als überholt beiseite, dann stehen durchaus noch die modernen Ansätze dieser philosophischen Richtung zur Diskussion. Im Anschluss an Whitehead werden Theorien vertreten, nach denen protomentale Eigenschaften der Materie angenommen werden können, die eine Entstehung des Bewusstseins quasi aus vorbewussten Zuständen der Materie erklären sollen. Die Probleme des Materialismus sind damit aber keineswegs überwunden. Wenn man nicht gerade wie Leibniz die schwer nachzuvollziehende Annahme trifft, dass jede einzelne Monade die gesamte Welt widerspiegelt und für den Rest der göttliche Uhrmacher gradesteht, dann ist nicht zu verstehen, wie aus einer Vielzahl von beseelten Elementen die Einheit des Ich-Bewusstseins entstehen soll. Auch ist genauso wenig wie beim Materialismus erklärbar, wie die unteren Stufen des Psychischen durch Emergenz die höheren hervorbringen sollen. Und schließlich ist die Annahme von Protomentalem in der Materie reine Spekulation. Die Physik kennt nichts dergleichen. Die modernen Vertreter dieser Richtung stellen sich daher eine radikal neue Physik vor, die dann auch Protomentales mit einbeziehen müsste, und weisen auf Erkenntnisse der Quantenphysik hin, in der sich eine gewisse Spontaneität und Freiheit zeige. Dass aber eine völlig neue Physik möglich sein könnte, mit der die weitreichenden Annahmen des Panpsychismus belegbar wären, ist unwahrscheinlich. Brüntrup selbst äußert sich dazu eher skeptisch: „Zu weit ist der Weg von den proto-mentalen Eigenschaften zur Einheit des menschlichen Bewusstseins und der ganzen Fülle menschlicher Rationalität."[75]

Ebenfalls noch vertreten werden Positionen ähnlich dem psychophysischen Parallelismus, also eine Zweiseitentheorie, derzufolge Geist und Materie nur zwei Aspekte einer Basiswirklichkeit sind wie bei Spinoza und Schopenhauer. Bertrand Russell etwa war ein Vertreter dieser Richtung. Dagegen sind dieselben Argumente ins Feld zu führen wie gegen die Supervenienztheorie: Es gibt keine eindeutige Entsprechung von physischen und psychischen Zuständen.

Der Reiz des Panpsychismus ist zweifellos im Urwunsch des Menschen begründet, dass uns die Welt antworten möge und uns freundlich gesinnt sei. Wir suchen überall das ansprechbare, seelenhafte Du. Theodor Fechner, dem romantisierenden Vertreter der Weltbeseelung, schien es daher ganz und gar gegen die Intuition zu sein, die Welt als einen *Ozean des seelenlos Toten,* als *Seelenfinsternis* zu verstehen. Und wer hörte nicht etwas in sich widerklingen, wenn Fechners poetische Fantasie die Pflanzen mit Seelen ausstattet, „die still blühen, duften, im Schlürfen des Taues ihren Durst, im Knospentriebe ihren Drang, im Aufsuchen des Lichtes noch eine höhere Sehnsucht befriedigen" oder wenn er sagt: „Was Worte für uns, das sind die Düfte für die Pflanzen."[76]

Einer kritischen, leidenschaftslosen Nachprüfung jedoch halten die Annahmen des Panpsychismus nicht stand. Damit sind aber auch die Grundgedanken der Monadologie von Leibniz zu angreifbar, um uns mit ihren Argumenten für ein Weiterleben zufriedenzustellen. Ebenso wenig können neuere Ansätze, die an Whitehead anknüpfen, überzeugend zeigen, wie ein bloßer „Strom des Bewusstseins, der unsere Erste-Person-Perspektiven erlebbar macht" (Brüntrup s. o. S. 81f.), fortdauern soll. Wir müssen also weiter nach philosophischen Gründen für ein Weiterleben nach dem Tod suchen.

Idealismus

Die dritte monistische Denkrichtung ist der Idealismus, der im 19. Jahrhundert unter dem Einfluss von Georg Wilhelm Friedrich Hegel (1770–1831), ihrem bedeutendsten Vertreter, die deutschen Universitäten dominierte, aber heute kaum noch vertreten wird. Wie der Materialismus nur Physisches kennt, der Panpsychismus nur Psychisches, so ist für den Idealismus alles Geist. Hegel sagt es klar und deutlich: „Das Geistige allein ist das *Wirkliche*."[77] Die Verunsicherung der Erkenntnisgrundlagen insbesondere durch das moderne empiristische Denken führte in den idealistischen Systemen zum Rückzug auf das Ich als das, was uns am gewissesten gegeben ist. War bei Kant noch das *Ding an sich* ein – wenn auch durch täuschenden Schein verstellter – Bezug zur real außer uns existierenden Wirklichkeit, so wurde die Welt nun vollständig vom Ich her gedacht, ja sogar schließlich als dessen eigenes Erzeugnis. Auf Hegel, Johann Gottlieb Fichte (1762–1814) und Friedrich Wilhelm Joseph Schelling (1775–1854) als bedeutendste Vertreter dieser Richtung werde ich kurz eingehen.

Fichtes absolutes Ich

Fichte schließt an Kants erkenntnistheoretischen Idealismus an, denkt ihn aber radikal zu Ende, indem er das *Ding an sich* ganz fallen lässt, das bei Kant immerhin noch reales, wenn auch blasses und vages Sein außer uns ist. Während bei Kant in unseren Vorstellungen, vermittelt durch die Anschauungsformen und Kategorien unseres Geistes, durchaus etwas Wirkliches erscheint, ist für Fichte alles nur noch Hervorbringung des Subjektes. Von diesem selbst gehen die Vorstellungen aus, mit denen die erscheinende Welt als Nicht-Ich erst gesetzt wird. Waren bei Kant unsere Vorstellungen also tatsächlich noch *Erscheinung* von etwas Realem, sind sie bei Fichte nur noch *Schein*. Natürlich erkennt auch Fichte die Schwierigkeit, unter dieser Annahme zu erklären, dass sich die Realität beileibe nicht nach uns richtet, sondern offenbar unabhängig von uns ist. Er war nicht so naiv, wie es die zu seiner Zeit in der feinen Gesellschaft über ihn kursierenden Witze nahelegten, etwa dieser: „Die Damen fragten: Glaubt er nicht wenigstens an die Existenz seiner Frau? Nein? Und das lässt Madame Fichte so hingehn?"[78] Fichtes Lösung ist ein *absolutes Ich*, das durch das subjektive, endliche Ich hindurch wirkt und die Objektivität der Vorstellungen des endlichen Subjekts sichert. Die Entgegensetzung von Ich und Nicht-Ich ist in der Synthese des absoluten Ich aufgehoben. Alles ist somit Geist und aus Geist. Der idealistische Monismus steht fertig da.

Individuelles ist dementsprechend nur ein Moment an diesem absoluten Ich und der Tod nur Schein, ein *täuschendes Phänomen*, denn alles bleibt ja im absoluten Ich für immer aufgehoben. Nach Fichtes Lehre ist „keine Seele und kein Sterben oder Sterblichkeit, mithin auch keine Unsterblichkeit, sondern es ist nur Leben, und dieses ist ewig in sich selber"[79]. „Unsterblichkeit" heißt demnach, dass wir uns mit unserem Handeln einschreiben in die Ewigkeit des Geistes und in ihm damit ewig erhalten bleiben. Ein individuelles Weiterleben aber gibt es nicht.

In Fichtes Spätwerk ist das Absolute dann das alles umfassende und ewige göttlich Sein, an dem wir Anteil haben. In seiner populären Darstellung „Anweisungen zum seligen Leben" heißt es dazu:

„Es gibt durchaus kein Sein und kein Leben, außer dem unmittelbaren göttlichen Leben. Dieses Sein wird in dem Bewusstsein, nach den eigenen, unaustilgbaren und in dem Wesen desselben gegründeten Gesetzen dieses Bewusstseins, auf mannigfaltige Weise verhüllt und getrübt; frei aber von jenen Verhüllungen, und nur noch durch die Form der Unendlichkeit modifiziert, tritt es wieder heraus in dem Leben und Handeln des gottergebenen Menschen. In diesem Handeln handelt nicht der Mensch, sondern Gott selber in seinem ursprünglichen inneren Sein und Wesen ist es, der in ihm handelt und durch den der Mensch sein Werk wirket."*

So sind wir also immer in Gott, sodass „man in jedem Momente die ganze Ewigkeit ganz hat und besitzt, und den täuschenden Phänomenen einer Geburt und eines Sterbens in der Zeit durchaus keinen Glauben beimisst, daher auch keiner Auferweckung, als der Rettung von einem Tode, den man nicht glaubt, weiter bedarf"[80].

Schellings Identitätsphilosophie

Schelling knüpft an Fichte an, will jedoch dessen Subjektivismus überwinden und die Eigenwirklichkeit der Natur wieder zur Geltung bringen. Das *Hen kai pan*, das *Eins und Alles* des Heraklit, wie er es verkörpert in Spinozas System kennengelernt hat, ist dabei sein Leitstern.[81] Der romantischen Sehnsucht seiner Zeit nach dem All-Einen gibt er Gestalt mit einer Identitätsphilosophie, in der alles eins ist: Aus dem Objektiven der Natur entwickelt sich die Vernunft, in der das Geistige der Natur sichtbar wird und im Menschen zu sich selbst kommt. Das Subjektive, Geistige wiederum treibt die Natur als geistdurchwirkte lebendige Wirklichkeit hervor. Natur und Geist, Subjekt und Objekt sind identisch und aufgehoben im absoluten göttlichen Einen. Die endlichen Dinge sind „nur im Erscheinenden unterscheidbar und unterschieden, der Sache nach völlig eins". Für einen Selbststand des Individuums und damit für Freiheit gibt es in diesem System keinen Raum. Ein individuelles Weiterleben kann es auch nicht geben, denn alles kommt aus „jener höchsten Einheit, die wir als den heiligen Abgrund betrachten, aus dem alles hervorgeht und in den alles zurückkehrt"[82].

Insbesondere die Schwierigkeit, die Freiheit des Menschen mit seiner Philosophie in Einklang zu bringen, trieb Schelling dann in seiner reifen Schaffensphase um. Angeregt durch den katholischen Philosophen Franz von Baader und den Mystiker Jakob Böhme versuchte er noch einmal einen Neuansatz mit einer deutlichen Rückwendung zum Christlichen. Ohne seine Grundpositionen aufzugeben, wollte er Unklarheiten ausräumen und dem Vorwurf begegnen, dass er die Freiheit des Menschen gänzlich aufhebe. Seine Schrift *Über das Wesen der menschlichen Freiheit* bringt diesen Neuansatz.[83] Selbststand der Natur und Freiheit des Menschen erklärt er darin in weit ausgreifender Spekulation aus der Entzweiung eines absoluten Ungrundes, der allem Anfang vorausliegt. Er ist der unbewusste und gänzlich indifferente Schoß des Seins, gewissermaßen der noch schlafende, ungeborene Gott. „Damit Leben und Lieben sei und persönliche Existenz", teilt er sich in den existierenden Gott und einen inneren Grund seiner Existenz. Der Grund ist als tragende Schicht des existierenden Gottes „die Sehnsucht, die das ewige Eine empfindet, sich selbst zu gebären". Er ist Wille, „aber Wille, in dem kein Verstand ist", dunkler chaotischer Drang. Der existierende Gott dagegen ist Licht und Verstand, Ordnung und Form. In Gott sind Grund und Existenz unauflöslich. Das helle Prinzip bindet das dunkle und durchformt es. Die Natur, die Dinge und der Mensch sind aus dem Grund hervorgegangen als dem, „was in Gott selbst nicht *Er Selbst* ist". Sie haben damit gegenüber Gott einen Eigenwillen und Unabhängigkeit. Selbstheit und Geist im Menschen ermöglichen seine Freiheit, die in liebender Übereinstimmung mit der göttlichen Ordnung bleiben soll. Der Mensch aber kann das in Gott unauflösliche Band zum Guten zerreißen. Wendet sich der aus dem Grund stammende Eigenwille des Menschen selbstsüchtig vom Lichthaften Gottes ab, verfällt er dem Bösen. Das Sein kehrt schließlich aus der Entzweiung auf einer höheren Stufe der Einheit wieder in den Ungrund zurück, dann aber als das „alles durchwirkende Wohltun", als „die Liebe, die Alles in Allem ist". Erst dann ist Gott an sein Ziel gekommen. Diese kleine Schrift sollte der Auftakt werden zu einer Gesamtdarstellung seines Spätwerkes unter dem Titel *Weltalter*, die jedoch unvollendet blieb.

Auch hier also ist der Selbststand des Menschen nur Durchgang und Teil der Selbstbewegung Gottes durch die Entzweiung hindurch hin zu höherer Einheit. Der Tod ist das Scheidewasser, in dem sich das Gute vom Bösen löst, der Eigenwille also stirbt. Der Tod wird zuletzt überflüssig, wenn Gott an sein Ziel gekommen ist und wieder Alles in Allem ist.

Im September 1809, im selben Jahr, in dem die Freiheitsschrift erschien, starb Schellings Frau Caroline während eines Besuchs in Maulbronn unerwartet an Typhus. Anlass für den schwer getroffenen Schelling, sich in einer als Dialog angelegten Schrift mit dem Weiterleben nach dem Tod auseinanderzusetzen. Die Arbeit daran wird Teil seiner Trauerarbeit gewesen sein und blieb unvollendet. Erst postum wurde sie mit dem Titel *Clara – Oder über den Zusammenhang der Natur mit der Geisterwelt* aus dem handschriftlichen Nachlass veröffentlicht. Unter dem Namen „Clara" figuriert darin vor allem seine verstorbene Frau als Gesprächspartnerin im fiktiven philosophischen Dialog. Auch hier ist der Gedanke eines Urverhängnisses, durch das sich die sichtbare Welt der Natur von der des Geistes geschieden hat, Ausgangspunkt seiner hochspekulativen Überlegungen. Der Mensch ist zwar Teil der Natur, aber die Seele ist das *einigende Bewusstsein*, das Leib und Geist verbindet. Damit hat der Mensch einen göttlichen Keim in sich und ragt in die Welt des Geistes hinein, für die er sich in diesem Leben bereit machen muss. Der Tod ist schließlich die *gänzliche Befreiung der geistigen Lebensgestalt*. Der Mensch geht in Gott ein, bleibt in ihm aber selbstständig. Schelling fasst damit also den Gedanken des individuellen Weiterlebens. Auf einem Obelisk in der Gartenanlage des ehemaligen Zisterzienserklosters Maulbronn ließ er die Aufschrift anbringen: „Gott hat sie mir gegeben, der Tod kann sie mir nicht rauben."

Die Schrift *Clara* kulminiert in einer wunderbar poetischen Passage über die jenseitige Welt, in die er seine verstorbene Frau hineinversetzt wünscht:

„*Das Zarteste in allem ist göttlich. Wenn also das Göttliche und Geistige recht eigentlich in jener Welt einheimisch und zu Hause ist, so muss etwas Ähnliches von dem, was uns hier durch das Mittel der Sinne geistig rührt, auch dort angetroffen werden, und zwar der feinste Auszug, gleichsam die Würze und der Duft davon. Denn dort werden wir mit dem Wesen der Dinge zu tun haben, und nicht* erst aus der groben Umgebung das Zarte abzuscheiden brauchen. Dort muss aller Geschmack Wohlgeschmack, jeder Laut Wohllaut, die Sprache selbst Musik und mit Einem Wort alles voll Einklang sein, besonders aber jene alles andere übertreffende Harmonie, die nur der gleichen Stimmung zweier Herzen entspringt, viel inniger und reiner genossen werden. Denn auch das schien mir nun ganz unbegreiflich, wie je habe gezweifelt werden können, dass dort Gleiches zu Gleichem gesellt werde, nämlich innerlich Gleiches, und jede schon hier göttliche und ewige Liebe ihr Geliebtes finde, nicht allein, das sie hier gekannt, sondern auch das Ungekannte, nach dem eine liebevolle Seele sich gesehnt, vergebens hier den Himmel suchend, der dem in ihrer Brust entsprach; denn in dieser ganz äußerlichen Welt hat das Gesetz des Herzens keine Gewalt. Verwandte Seelen werden hier durch Jahrhunderte oder durch weite Räume oder durch die Verwicklungen der Welt getrennt."[84]

Hegels dialektische Geistphilosophie

Bei Hegel ist die Geistphilosophie des Idealismus in äußerster Konsequenz zu einem Systembau entfaltet, der Natur und Geschichte gleichermaßen umfasst. Nach ihm steht am Anfang das leere Sein, das mit dem Nichts identisch ist, weil ihm alles Einzelne und Bestimmte mangelt. „Das reine Sein und das reine Nichts ist also dasselbe", heißt es in der *Wissenschaft der Logik*.[85] Sein und Nichts sind aber in einer Spannung zueinander, in der sie beständig ineinander übergehen und damit einen Prozess des Werdens in Gang setzen.[86] Aus diesem Urwiderspruch geht dialektisch, also in ständigen Entgegensetzungen, die wieder vermittelt werden, das einzelne Seiende hervor, zuerst die Natur, dann der Geist im Menschen, dann der objektive Geist in den Gestalten der Kultur und schließlich der absolute Geist. Der Geist, letztlich Gott, kommt so zu sich selbst, indem er sich selbst erkennt. Nach Hegel ist das wahre Erwachen des Geistes erst in der Philosophie gegeben, die Religion ist nur eine unvollkommen Vorstufe. Gott wird also erst und steigt auf vom An-sich des leeren Seins zum absoluten Für-sich des absoluten Geistes, der wiederum höchste Abstraktion und damit vollkommene Identität mit sich selbst ist. Alles ist zuletzt wieder einfach und allgemein und damit mit dem Anfang als äußerster Abstraktion identisch. Die dialektische Entfaltung des Seienden beginnt erneut. Somit ergibt sich ein ewiges Kreisen von Nichts zu Nichts. Hegel verdeutlicht das an der Pflanze, die aus dem Keim hervorwächst und Frucht bringt, die wiederum keimt zu einer neuen Pflanze – ein nie endender Zyklus.

In diesem ewigen Prozess aber ist alles Einzelne nur Durchgangsstation zu größerer Allgemeinheit, in der das Individuelle aufgehoben ist. Es hat keinen eigenen Selbststand, der ein Fortleben begründen könnte. Fortleben ist ein Aufgehen im Allgemeinen des Geistes, keine individuelle Fortdauer. Der Tod also befreit den Geist aus der Individualität zu größerer Allgemeinheit, nach Hegel damit zu etwas Höherem, wie der *Phönix* aufsteigend und *verjüngt als Geist*, wodurch der Tod ein Gut wird.

Lassen wir dazu Hegel selbst ausführlich zu Wort kommen, mit einer seiner markantesten und berühmtesten Stellen zum Thema:

„*Über diesem Tode der Natur, aus dieser toten Hülle geht eine schönere Natur, g e h t d e r G e i s t hervor. Das Lebendige endet mit dieser Trennung und diesem abstrakten Zusammengehen in sich.*

[...] Da diese Existenz [das Tier als Einzelwesen der Gattung] nun der Allgemeinheit der Idee immer noch unangemessen ist, so muss die Idee diesen Kreis durchbrechen und sich durch Zerbrechen dieser Unangemessenheit Luft machen. Statt dass also das Dritte im Gattungsprozess wieder zur Einzelheit herabfällt, ist die andere Seite, der Tod, das Aufheben des Einzelnen und damit das Hervorgehen der Gattung, des Geistes; denn die Negation des Natürlichen, d. h. der unmittelbaren Einzelheit, ist dies, dass das Allgemeine, die Gattung, gesetzt wird und zwar in Form der Gattung. An der I n d i v i d u a l i t ä t ist diese Bewegung beider der Verlauf, der sich aufhebt und dessen Resultat das Bewusstsein ist, die Einheit, die an und für sich selbst Einheit beider ist als Selbst, nicht nur als Gattung im inneren Begriff des Einzelnen. Die Idee existiert hiermit i n d e m selbständigen Subjekte, für welches, als Organ des Begriffs, alles ideell und flüssig ist; d. h. es d e n k t, macht alles Räumliche und Zeitliche zu dem Seinigen, hat so in ihm die Allgemeinheit, d. h. sich selbst. Indem so jetzt das Allgemeine für das Allgemeine ist, ist der Begriff für sich; dies kommt erst im Geist zum Vorschein, worin der Begriff sich gegenständlich macht, damit aber die Existenz des Begriffs als Begriffs gesetzt ist. Das Denken, als dies für sich selbst seiende Allgemeine, ist das U n s t e r b l i c h e; das Sterbliche ist, dass die Idee, das Allgemeine, sich nicht angemessen ist. Dies ist der Ü b e r g a n g d e s N a t ü r l i c h e n i n d e n G e i s t; im Lebendigen hat die Natur sich vollendet und ihren Frieden geschlossen, indem sie in ein Höheres umschlägt. Der Geist ist also aus der Natur hervorgegangen. Das Ziel der Natur ist, sich selbst zu töten und ihre Rinde des Unmittelbaren, Sinnlichen zu durchbrechen, sich als Phönix zu verbrennen, um aus dieser Äußerlichkeit verjüngt als Geist hervorzutreten."[87]

Der Idealismus ist weit ausgreifende und anregende Spekulation, die jedoch radikal den erfahrenen Tatsachen widerspricht. Das *Widerstanderlebnis* bei der Begegnung mit Welt belehrt uns unmittelbar und noch vor jeder gedanklichen Reflexion über die Existenz der Dinge außer uns, indem es schon unserem elementaren Streben seine Grenzen aufzeigt. Scheler hat das sehr plastisch verdeutlicht: „Lasset für ein Bewusstsein alle Farben und sinnlichen Materien verbleichen, alle Gestalten und Beziehungen zergehen, alle dinglichen Einheitsformen verschweben – das, was schließlich gleichsam nackt und von jeder Art der Beschaffenheit frei und ledig noch bleiben wird, das ist der machtvolle Eindruck der Realität, der *Wirklichkeits*-eindruck der Welt."[88] So weit die Außenschau. Die Innenschau zeigt uns in der Selbsterfahrung als identisches Ich, das seiner Akte mächtig ist und sich nicht mit einem absoluten Ich oder einem absoluten Geist zusammendenken lässt, dessen bloßes flüchtiges Moment wir wären. Letztlich lässt sich auch unser Verhältnis zum Leib unter idealistischen Voraussetzungen nicht verstehen. Wir müssten zum Beispiel annehmen, dass der Geist selbst eine Hirnschädigung hervorbringt, die ihn dann rückwirkend wieder beeinträchtigt. Eine Absurdität, auf die Josef Seifert hingewiesen hat.[89]

Der Gedanke des Idealismus, dass wir mit unseren Taten und Gedanken im Absoluten weiterleben, ist edel und auch richtig, denn unsere Spuren bleiben mit dem, was wir erschaffen haben, im objektivierten Geist, also den Gebilden der Kultur, wo immer wir dazu beigetragen haben. Und sicherlich sind wir aufgehoben im Bewusstsein Gottes. Von dieser *objektiven Un-*

sterblichkeit, wie sie auch Whitehead vertreten hat, können wir ausgehen. Dies entspricht dem Geistigen in uns weitaus besser als das materialistische Bild des Stoffkreislaufes, wo wir uns höchstens daran erfreuen können, dass Atome unseres verwesenden Fleisches dereinst über den Wurm und das Huhn, das ihn frisst, im Ei und so schließlich auf dem Frühstückstisch unserer Lieben landen, in denen wir dann weiterleben, bis diese selbst wieder in den Naturkreislauf eingehen.

Hier aber fragen wir danach, ob ein Weiterleben als *individuelle* Person philosophisch denkbar ist. Der Annahme, dass es so sein könnte, kann der Idealismus nicht schlüssig widersprechen, da er bereits in seinen Grundannahmen angreifbar ist. Wiederum ist es uns also erlaubt, an der Möglichkeit des Weiterlebens festzuhalten und weiter nach philosophischen Begründungen dafür zu suchen.

Die Denkfigur des Monismus und der Tod

Materialismus, Panpsychismus und Idealismus werden dem, was wir von der Wirklichkeit erfahren, nicht gerecht. Der Materialismus sieht nur Physisches. Damit bleibt das Geistige mit dem Phänomen des Bewusstseins unverstanden. Der Idealismus kehrt den Spieß um und betrachtet alles Reale als Hervorbringung des Subjektes, also des Geistigen. Er kann das Widerstandserlebnis, mit dem uns reale Dinge begegnen, nur mit Konstruktionen wie dem absoluten Ich Fichtes oder dem absoluten Geist Hegels plausibel machen. Letztlich bleibt es aber bei Konstruktionen, die von Setzungen ausgehen, die nicht nachvollziehbar oder sogar irrational sind, wie Hegels Identifikation des Seins mit dem Nichts. Der Panpsychismus schließlich ist mit dem, was wir von der Natur wissen, nicht zur Deckung zu bringen. Materie hat keine seelische Innenseite.

Alle drei Richtungen des Monismus, also Materialismus, Panpsychismus und Idealismus, führen die Wirklichkeit im Streben nach einer einfachen Welterklärung auf ein einziges Prinzip zurück, auf die Materie, den absoluten Geist, die göttliche Allsubstanz, den Weltwillen, die Monaden, dem sie die Vielfalt des Wirklichen unterwerfen müssen. Dabei verkennen sie die unaufhebbare Mehrdimensionalität des Wirklichen, wie sie etwa Nicolai Hartmanns Ontologie[90] herausgearbeitet hat, die Schichten des Wirklichen unterscheidet, vom Anorganischen über das Organische und Seelische bis zum Geistigen. Es gibt zwar Seinskategorien, die für alle Schichten gültig sind, aber es bestehen Grenzen zwischen den Schichten. Besonders scharf etwa ist die *psychophysische Grenzscheide* zwischen dem Organischen und Seelischem, denn hier ist der Übergang zu einem grundsätzlich anderen Seinsbereich. Noch ausgeprägter ist die Grenze zwischen Seelischem und Geistigem, die den Menschen vom Tier trennt.

Den monistischen Ansätzen ist gemeinsam, dass Individuelles keine eigene Wirklichkeit, keinen Selbststand entfalten kann, denn es wird zu einem bloßen Durchgangsstadium, zur flüchtigen Erscheinung oder Verkörperung des einen übergreifenden Prinzips, das zum Weltprinzip erklärt wird. Dies widerspricht fundamental der menschlichen Selbsterfahrung, in der wir uns als identisches und frei handelndes Ich erleben, von den anderen oben vorgebrachten Einwänden abgesehen.

Der Tod des Individuums kann nach monistischer Sichtweise immer nur das Aufgehen und Verlöschen in der alles umfassenden Gesamtwirklichkeit bedeuten. Oder schöner gesagt von Lakebrink: „Der Monismus jeder Prägung kann nicht anders, als das Endlich-Kontingente aufzuheben und zur bloßen Phase in der Einheit einer durchgängigen Final*bewegung* zu verflüssigen."[91] Ausnahme ist hier Leibniz, der dem entgeht, weil er noch den klassischen Gedanken der Substanz zu fassen vermag. Aber auch bei ihm wird die Freiheit des Individuums zerstört, weil seine Welt der *prästabilierten Harmonie* ja wie ein Uhrwerk abläuft. Als Denker in der klassischen Tradition will er zwar daran festhalten, kann aber den Widerspruch zu dieser Grundannahme nicht auflösen. Ohne Freiheit und damit Verantwortlichkeit und Wahrheitsfähigkeit aber ist das Weiterleben kein echtes, es ist nur ein Fortdauern.

Die monistische Denkfigur ist immer die gleiche seit jeher: Individualität wird als Trennung und leidvoll empfunden, als Subjekt-Objekt-Spaltung und damit Entfremdung von der Welt. Ein unbestimmtes Sehnen will das Trennende überwinden und sucht die Auflösung im großen Meer des Seins. So geht für den Neuplatoniker Plotin (205–270) die Seele wieder ein in den Urgrund. Die vom arabischen Philosophen Averroës (1126–1198) gelehrte Menschheitsseele wirkt durch das Individuum hindurch, das selbst nichts ist und mit dem Tod zur Einheit zurückkehrt. Nach dem großen indischen Lehrwerk der Upanishaden (700–200 v. Chr.) sind Weltseele (Brahman) und individuelle Seele (Atman) wesenhaft eins. Der platonische Gedanke einer Weltseele tauchte sogar in den Spekulationen des Physikers und Nobelpreisträgers Wolfgang Pauli (1900–1958) wieder auf. Offenbar ist der Monismus eine attraktive Denkfigur, die beglückenden Erfahrungen entspricht, wie sie sich im sogenannten *ozeanischen Gefühl* ausdrücken, also einer beseligenden Selbstvergessenheit, in der man sich als Teil der Welt sicher aufgehoben fühlt. Die romantische Dichtung und Malerei haben das ins Bild gebracht. In den Gemälden Caspar David Friedrichs (1774–1840) verschwinden die Personen in einer mystisch überhöhten Natur. Novalis (1772–1801) dichtete schwermütig in seinen *Hymnen an die Nacht*: „Hinunter in den Schoß der Erde, Weg aus des Lichtes Reichen" und „Gelobt sei die ew'ge Nacht, Gelobt der ew'ge Schlummer." Tod und Dunkel sind Metaphern für eine höhere Geborgenheit, das Licht für ein leidvolles Jetzt. Die romantische Sehnsucht nach Einkehr in einen mütterlichen Weltenschoß findet sich auch bei Schelling, etwa in folgender charakteristischer Stelle: „Auf diese Weise schläft wie in einem unendlich fruchtbaren Keim das Universum mit dem Überfluss seiner Gestalten, dem Reichtum des Lebens und der Fülle seiner, der Zeit nach endlosen, hier aber schlechthin gegenwärtigen, Entwicklungen, in jener ewigen Einheit, Vergangenheit und Zukunft, beide endlos für das Endliche, hier beisammen, ungetrennt, unter einer gemeinschaftlichen Hülle."[92]

Bei genauem Hinsehen offenbart sich in diesem Sehnen nach dem Dunkel des Mutterschoßes eine Regression und Flucht, denn nur im Lichte des Bewusstseins sind wir ein selbstverantwortlich handelndes Ich. Mit einem vollständigen Verlöschen unserer Individualität ginge aber auch dem Bewusstsein endgültig das Licht aus, sodass wir dann, wie es der große flämische Mystiker Jan von Ruysbroeck ausgedrückt hat, „nicht seliger wären als ein Stein".

Die Existenzphilosophie als Seitenzweig Hegel'schen Denkens

In diesen Zusammenhang gehört auch die Existenzphilosophie, wie sie Martin Heidegger (1889–1976) und an diesen anschließend Jean-Paul Sartre (1905–1980) formuliert haben. Ihr Denken ist zutiefst von der Hegel'schen Identifikation des Seins mit dem Nichts geprägt. Ein grauer Schleier der Verzweiflung, der Sorge und Angst liegt über dieser Philosophie. Sie geht von der leidvollen Erfahrung des Menschen aus, in eine feindliche Welt geworfen zu sein und vor der Frage nach dem Sinn zu stehen, auf die es keine Antwort gibt.

Für Heidegger ist unser Dasein ein *Sein zum Tode*, und darin enthülle sich die ganze Nichtigkeit des Seins und unseres Lebens. Wir können nur heroisch diese Existenz, in die wir geworfen sind, annehmen und ihr unseren eigenen Sinn einstiften. Damit wird der Tod, in Heideggers eigenwilliger Sprache, „die *eigenste* Möglichkeit des Daseins. Das Sein zu ihr erschließt dem Dasein sein *eigenstes* Seinkönnen, darin es um das Sein des Daseins schlechthin geht"[93]. Sicherlich gibt es die dunklen Seiten des Lebens, aber die Schönheiten der Welt, die Erfüllung in der Liebe und das beglückende Gefühl, auch schwierigen Herausforderungen gewachsen zu sein, lassen sich mit diesem einseitigen Bild nicht in Einklang bringen. Heidegger verkennt zudem, dass der Mensch nicht allein *Sein zum Tode* ist, sondern wesenhaft mit seinem Streben nach sittlicher und geistiger Vervollkommnung über die Grenze des Todes hinausweist.

Sartre zieht den Menschen noch weiter in das Nichts und die Nichtigkeit, denn seine Philosophie bestimmt ihn wesenhaft als *Negation*. Entwickelt hat Sartre diesen Gedanken in seinem

Hauptwerk mit dem programmatischen Titel *Das Sein und das Nichts*.[94] Im Ursprung ist danach allein die ewig und sinnlos in sich ruhende massive Dingwelt, das *An-Sich-Sein*, wie es bei Sartre heißt. Der Mensch als das seiner selbst bewusste *Für-sich-Seiende* tritt dem An-Sich als dessen Negation gegenüber, *als nicht an sich seiend*. Indem er sich erkennend auf das Sein zurückwendet, nimmt er von ihm Distanz und reißt „sich dann durch ein nichtendes Abrücken von ihm" los. Damit sei, so Sartre, der Mensch sein eigenes Nichts, ja sogar ein Sein, „durch das das Nichts zur Welt kommt". Dieses Abrücken des Für-Sich vom An-Sich ist überhaupt nur deshalb möglich, weil das An-Sich über sich selbst hinaus will, um sich zu begründen. Es will An-Sich und Für-Sich zugleich sein, gleichermaßen in sich ruhend und Bewusstsein seiner selbst. Sartre gibt hier also eine Art Begründung der Emergenz des Bewusstseins aus der massiven, ewigen Dingwelt. In seinem Grundansatz erweist er sich damit als materialistischer Denker. Wie diese Emergenz möglich sein könnte, erklärt Sartre nicht. Er sieht selbst den Widerspruch in seiner grundlegenden Setzung, nach der das An-Sich über *sich* hinaus will und *sich* auf das Für-Sich hin *entwirft*. Ganz am Ende seines über tausendseitigen Werks lässt er das durchblicken und dementiert damit quasi seine gesamte Philosophie, indem er sagt: „Wäre das An-Sich Entwurf, *sich* zu begründen müsste es ursprünglich Anwesenheit bei sich, das heißt bereits Bewusstsein sein." Sartre zieht sich aber darauf zurück, dass die Philosophie eben nur sagen kann, dass *„alles so geschieht, als wenn"* es so sei. Ein solches Als-Ob kann uns nicht genügen, wenn wir das Wesen des Menschen verstehen wollen.

In Sartres Werk finden sich durchaus scharfsinnige Analysen der leib-seelischen Zusammenhänge. Für ihn allerdings gibt es keine vom Leib unabhängige Seele. Dementsprechend vergeht auch, konsequent materialistisch gedacht, der ganze Mensch mit dem Leib: „Doch müßig wäre, anzunehmen, dass die Seele sich von dieser Individuation losreißen kann, indem sie sich durch den Tod oder das reine Denken vom Körper trennt, denn die Seele ist der Körper, insofern das Für-Sich seine eigene Individuation ist." Diese einfache Gleichsetzung des Leibes mit der Seele lässt sich nicht halten, wie wir bereits bei der Diskussion des Materialismus gesehen haben.

Mit den Begriffen der Philosophie Sartres gesagt, sinkt das Für-Sich bei seinem Tod zurück in das An-Sich. Er bedeutet die „Nichtung meiner Möglichkeiten". Andere definieren nun rückblickend, was mein Leben gewesen sein soll, sodass für Sartre gilt: „Tod sein heißt den Lebenden ausgeliefert zu sein." Damit zeigt sich auch hier ein Grundzug seiner Philosophie, die ihr Interesse mit Vorliebe auf die niedrigsten Instinkte des Menschen richtet und ihn vor allem als davon bestimmt sieht. Selbst die Liebe ist für ihn „ihrem Wesen nach ein Betrug"[95].

Diese Richtung der Existenzphilosophie trägt also zum wesenhaften Verständnis dessen, was der Tod ist, nicht viel bei. Anders zu bewerten ist die dialogisch ausgerichtete Existenzphilosophie Gabriel Marcels (1889–1973), die weiter unten (S. 117) näher betrachtet wird. Auch Albert Camus hat zuletzt eine andere Richtung eingeschlagen als Sartre. Durch seinen frühen Unfalltod kam dieser Neuansatz, der die brüderliche Liebe und das Maßvolle zum Thema haben sollte, nicht mehr zur Entfaltung. In seinen Mittelmeeressays ist aber die Metapher des Lichts von Anfang an ein Hinweis auf die metaphysische Geborgenheit in einem höheren Sinn.[96]

III. Dualistische Antworten

Idealismus und Materialismus werden also jeweils nur einer Seite der ganzen Wahrheit gerecht. Der Panpsychismus lässt sich mit unserem Bild der Natur nicht in Übereinstimmung bringen und gerät bei der Erklärung des Bewusstseins in ähnliche Schwierigkeiten wie der Materialismus. Der Dualismus, der sowohl Materielles als auch Geistig-Seelisches in seiner Eigenwirklichkeit anerkennt, entgeht zwar den Widersprüchen des Monismus, muss aber zeigen, wie unter seinen Voraussetzungen das Leib-Seele-Problem zu lösen ist, wie also eine immaterielle, bewusste Seele mit dem materiellen Sein des Leibes und insbesondere des Gehirns in Verbindung steht, denn die weitgehende leib-seelische Einheit ist offenkundig. Kann er das glaubwürdig darlegen, erweist sich der Dualismus als tragfähiger und mit der Wirklichkeit besser übereinstimmend als alle monistischen Erklärungsversuche. Diskreditiert wurde der Dualismus durch René Descartes' nicht sachgerechte Substanzdefinition und die daraus folgende beziehungslose Gegenüberstellung des Materiellen und des Geistigen, mit der die Leib-Seele-Einheit unplausibel und gegen jede Eigenerfahrung des Menschen auseinandergerissen wurde. Zu wenig beachtet wird in der aktuellen philosophischen Diskussion die ältere und bessere Lösungsmöglichkeit, die bereits Aristoteles vorgedacht hat und von den Scholastikern weiterentwickelt wurde. Es ist der Hylemorphismus, das Stoff-Form-Prinzip, nach dem Seele und Leib in die Einheit einer neuen Substanz eingehen können. Nach kurzer kritischer Sichtung der anderen bekannten dualistischen Denkansätze werde ich darauf ausführlicher eingehen, denn damit ist eine Lösung gegeben, die mit den beobachtbaren leib-seelischen Vorgängen in guter Übereinstimmung ist und zugleich die gesuchte tragfähige Antwort auf die Frage nach dem Weiterleben der Seele ermöglicht.

Parallelismus und Okkasionalismus

Das jedem Dualismus sich stellende Problem, wie Leib und Seele als zwei wesensverschiedene Wirklichkeitsbereiche zusammenwirken bzw. aufeinander einwirken können, lösen Parallelismus und Okkasionalismus schlicht, indem sie eine Wechselwirkung leugnen. Leib und Seele sind danach vollständig unabhängig voneinander, verhalten sich jedoch so, *als ob* sie direkt zusammenwirken würden, denn Gott stellt die Verbindung her. Für Leibniz, der den Parallelismus vertreten hat, sind Leib und Seele wie zwei Uhrwerke, die Gott aufeinander abgestimmt hat, sodass der Eindruck einer Wechselwirkung entsteht. Leibniz spricht von *prästabilierter Harmonie* (s. o. S. 76).

Eine ähnliche Position vertritt der Okkasionalismus von Nicolas Malebranche (1638–1715). Auch hier sind Leib und Seele vollkommen separat und ohne direkte Wechselwirkung. Wieder stellt Gott die Verbindung her, allerdings nicht als Uhrmacher, der vorher den Gleichlauf beider abstimmt, sondern gewissermaßen als göttliches „Interface", das fortlaufend die jeweils passenden physischen oder seelischen Ereignisse bewirkt.

Ein separates Weiterleben der Seele ist dann einfach anzunehmen, weil Leib und Seele gar nicht verbunden sind. Diese gedanklichen Konstruktionen sind aber keine wirkliche Option und nur noch von philosophiegeschichtlichem Interesse. Sie beruhen auf nicht nachvollziehbaren Grundannahmen und führen zu absurden Konsequenzen. So müsste Gott für uns gewissermaßen den Schläger dirigieren, wenn wir Tennis spielen, und dies koordiniert bei beiden Spielern. Warum dabei doch immer wieder der Ball verfehlt wird, wäre Gegenstand einer noch zu schreibenden Abhandlung.[97]

Wechselwirkungslehren

Näher an einem für uns nachvollziehbaren, realistischen Denken sind Wechselwirkungslehren, die eine Erklärung für leib-seelische Zusammenhänge geben. Gemeinsam ist diesen Ansätzen, dass sie Leib und Seele zwar als gänzlich voneinander getrennte und wesensverschiedene Wirklichkeitsbereiche ansehen, aber ein Brückenprinzip annehmen, das sie verbindet. Eine bis zur mittelalterlichen Philosophie wirkmächtige Variante wurde bereits von Platon vertreten und dann von Descartes' Zwei-Substanzen-Lehre wiederbelebt. Der Neurophysiologe und Nobelpreisträger John Eccles (1903–1997) entwickelte eine moderne Variante auf der Grundlage naturwissenschaftlicher Erkenntnisse.

Platons Ideenlehre

Platons Ideenlehre gehört zu den bedeutendsten und einflussreichsten Gedankengebäuden der Philosophiegeschichte. Das ewige, ideale Sein steht im Zentrum dieser Lehre. Ideen, verstanden als ideale Wesenheiten oder Urbilder allen Seins, sind danach die wahre Wirklichkeit. Die höchste der hierarchisch gestuften Ideen ist das absolut Gute. Es ist der göttliche Weltgrund. Die physische Wirklichkeit ist Abbild der urbildlichen Ideen, sie existiert durch Teilhabe an den Ideen. Anders als das ewig unveränderliche Sein der Ideen zerstreut sie sich durch ihre Verbindung mit der Materie in Raum und Zeit, wodurch sie ständiger Veränderung unterliegt. Sie hat nur in abgeschwächtem, uneigentlichem Sinne Sein und ist vergänglich.

Daraus ergibt sich Platons Menschenbild: Der Leib ist stofflich und zusammengesetzt, also auch veränderlich und sterblich. Die Seele dagegen ist ideenhaft und dementsprechend nicht zusammengesetzt, unsichtbar-unstofflich, gleichbleibend identisch und hat Vernunft. Damit ist sie dem Ideenhaften ähnlich und unvergänglich, da nur das Zusammengesetzte in seine Teile zerfallen kann. Mit dem Tod vergeht der Leib, aber die unvergängliche Seele löst sich von ihm ab und lebt weiter. Im Dialog *Phaidon*,[98] in dem Platon seine Lehre von der Unsterblichkeit der Seele entwickelt, heißt es: „Tritt also der Tod den Menschen an, so stirbt, wie es scheint, das Sterbliche an ihm, das Unsterbliche aber und Unvergängliche zieht wohlbehalten ab, dem Tode aus dem Wege." Das Leben der Seele nach dem Tod beschreibt Platon in mythischen Bildern als Seelenwanderung.

Leib und Seele sind im lebenden Menschen zwar verbunden, aber auf eine ganz äußerliche Weise. Die Seele sitzt im Leib wie in einem Gefängnis und ist „gezwungen, wie durch ein Gitter durch ihn das Sein zu betrachten", also mithilfe der leiblichen Sinne. Andererseits wirkt sie auf den Leib ein als dessen belebendes Prinzip, dabei aber *bedient* sie sich des Leibes wie eines Werkzeuges. Es gibt somit eine Wechselwirkung zwischen Leib und Seele, aber keine Einheit beider. Platon nennt diese lose Verbindung ein bloßes *Angeklebtsein* der Seele an den Leib. Leiblichkeit ist für Platon etwas Negatives, denn das Leib*gefängnis* trennt die Seele von ihrer göttlichen Bestimmung, rein ideenhaft zu sein. Den Tod muss man also willkommen heißen, weil er Befreiung aus dem Leib bedeutet.

Platons einseitige Hochschätzung des Idealen trübt seinen Blick für die komplexen leib-seelischen Zusammenhänge. Die Vorstellung, dass der Tod lediglich die Trennung zweier kaum verbundener Bestandteile des lebenden Menschen ist, wird der Realität unserer Leiblichkeit nicht gerecht. Trotz dieser Schwäche haben wir immerhin ein erstes positives Argument für die Unsterblichkeit in der Unvergänglichkeit der immateriellen, vernunftfähigen Geistseele des Menschen gewonnen.

Die Zwei-Substanzen-Lehre von Descartes

Auch Descartes vertritt wie Platon einen Dualismus, bei dem sich Leib und Seele fremd und getrennt gegenüberstehen.[99] Der Körper wird als Maschine aufgefasst, die sich selbst bewegen kann. Das Prinzip dieser Selbstbewegung ist rein mechanisch nach Art eines aufgezogenen Uhrwerks zu verstehen. Die Seele dagegen ist das geistige und damit unteilbare Prinzip des Denkens im Menschen. Obwohl Descartes gegen Platon Position bezieht und auf die enge Verbindung von Leib und Seele hinweist, die sich in *Gefühlen des Schmerzes, des Hungers und des Durstes* zeige, bleibt diese Einheit auch bei ihm auf eine lose Wechselwirkung beschränkt. Das Verbindungsglied sieht Descartes in der Zirbeldrüse, die dadurch ausgezeichnet sei, dass sie im Zentrum des Gehirns liegt und anders als dessen sonstige Teile nicht doppelt vorkommt. Ein feinstofflicher Anteil des Blutes, den Descartes *Lebensgeister* nennt, holt nach diesem biologistischen Ansatz die Bewegungsbefehle der Seele an der Zirbeldrüse ab und leitet sie an die jeweiligen Muskeln. Die Sinnesdaten wiederum gelangen so von den Wahrnehmungsorganen zur Drüse. Descartes nimmt also ein physisch lokalisierbares „Interface" an, über das der Informationsaustausch zwischen Leib und Seele läuft. Die Seele sitzt eben doch in dieser *Gliedermaschine* aus Fleisch, Blut und Knochen nur wie der Maschinist in einer von ihm gesteuerten Maschinerie, sodass diese, „auch wenn keine Seele in ihr bestände, doch alle die Bewegungen vollziehen würde, welche in ihr ohne Geheiß des Willens und deshalb nicht von der Seele ausgehen". Der Tod des Menschen ist dementsprechend das Versagen der Maschinerie: Das antreibende Uhrwerk bleibt stehen, sodass der „Maschinist" bzw. die Seele eben „aussteigen" muss. Da die Seele *ein bloß denkendes und nicht ausgedehntes Ding ist*, kann sie unabhängig vom Körper fortbestehen, denn sie zerfällt nicht wie der stoffliche Leib. Sie ist *ihrer Natur nach unsterblich*.

Dieses unserer Selbstwahrnehmung widersprechende Auseinanderreißen von Leib und Seele bei Descartes ist letztlich auf seine nicht sachgerechte Definition der Substanz zurückzuführen. Die klassische Definition bestimmt die Substanz als ein in der Zeit beharrendes Seiendes mit Selbststand, das durchaus seinen Grund in etwas anderem haben und endlich sein kann. Für Descartes ist sie aber etwas vollkommen Unabhängiges. So definiert er: „Unter Substanz können wir nur ein Ding verstehen, das so besteht, dass es zu seinem Bestehen keines anderen Dinges bedarf." Diese zusätzliche Bestimmung bringt ihn in Schwierigkeiten, denn sie trifft nur auf Gott zu. Spinoza hat daraus konsequent seinen Pantheismus abgeleitet (s. o. S. 72–74). Descartes aber ist Realist und nimmt neben der absoluten Substanz Gottes noch zwei endliche Substanzen an: die stoffliche Welt, die *res extensa*, und den Geist, die *res cogitans*, die nur „mit Gottes Beistand bestehen". Die Welt der res extensa lässt sich nach mechanischen Prinzipien erklären. Zu ihr gehört der Leib, während die Seele res cogitans, also Geist ist. Eine Brücke zwischen diesen beiden, durch eine tiefe Kluft der Andersheit geschiedenen Bereichen scheint unmöglich zu sein. So lässt sich eine substanzielle Einheit von Leib und Seele, wie sie bereits Aristoteles und an diesen anknüpfend die scholastische Philosophie trotz der Wesensverschiedenheit beider gesehen und entfaltet haben, nicht mehr denken. Hierin liegt die Hauptproblematik des Dualismus von Descartes. Er hat damit das dualistische Denken verhängnisvoll in die Irre geführt und nachhaltig diskreditiert.

Descartes' Spekulation, die Zirbeldrüse zusammen mit feinstofflichen Teilen des Blutes könne eine Wechselwirkung zwischen Leib und Seele herstellen, wurde bereits von Physiologen seiner Zeit als falsch erwiesen. Rein philosophisch muss man darauf hinweisen, dass es, egal welches materielle Medium man für die leib-seelische Verbindung annimmt, immer etwas Materielles bleibt. Die Frage, wie zwischen Stofflichem des Leibes und dem Geistigen der Seele eine Übertragung stattfinden kann, wird so also nur verschoben, nicht beantwortet. Dies trifft auf Descartes' Annahme, ein sehr feiner Anteil des Blutes könne dies leisten, ebenso zu wie auf moderne neurophysiologische Ansätze, etwa die von John Eccles, die im Anschluss besprochen werden.

Eine neuere Variante der Wechselwirkungslehren hat der Neurophysiologe und Nobelpreisträger John Eccles entwickelt.[100]
Er nennt sie selbst eine *starke dualistisch-interaktionistische
Hypothese*. Im Unterschied zu vielen anderen naturwissenschaftlich ausgerichteten Forschern erkennt Eccles, dass die
geistseelischen Gegebenheiten eine ganz eigene, von physischen Vorgängen unterschiedene Seinsweise haben, jedoch mit
dem Leib interagieren. Dem *selbstbewussten Geist* spricht er sogar den *Vorrang* vor den neurophysiologischen Prozessen zu,
denn dieser sei es, der aktiv die neuronalen Informationen ab-
sucht, selektiert und zur Einheit der bewussten Erfahrung verbindet. Eine *spezialisierte Zone der Großhirnhemisphären* könne
Informationen mit dem selbstbewussten Geist austauschen
und damit als Brücke zwischen Leib und Geist wirken. Eccles
bezeichnet diesen Bereich des Großhirns als Liaison-Gehirn,
also als Verbindungs- oder Vermittlungsgehirn. Dieses
Liaison-Gehirn bietet dem selbstbewussten Geist ständig Informationen in Form von *Raum-Zeit-Mustern* an, zu denen sich
die Millionen von Neuronen der Großhirnrinde anordnen, dabei strukturiert in gegliederte Einheiten, die sogenannten Module. Wie eine *Abtast- und Sondierungsvorrichtung* liest der
selbstbewusste Geist aus diesen Modulen die ihm angebotenen
Informationen. Umgekehrt ist er in der Lage, über *motorische
Befehle* körperliche Bewegungen auszulösen, denn er ist „sowohl ein Aktivator als auch ein Empfänger". Ist der Mensch gestorben, fährt der selbstbewusste Geist noch über die Module,
aber er tastet vergeblich nach Informationen, denn alle Hirn-
aktivität ist erloschen. Er selbst aber als der immaterielle geist-

seelische Kern in uns könnte weiterleben. Eccles hat diesen Schluss auch gezogen.[101]

Um physikalistischen Fehldeutungen seiner Theorie vorzubeugen, betont Eccles, das Herauslesen aus den Modulen habe „nichts mit anatomischer Berührung zu tun". Damit aber offenbart sich die Schwachstelle seines Ansatzes, denn es wird nicht klar, wie die Übertragung zwischen den physischen und räumlich angeordneten Modulen und dem unräumlichen selbstbewussten Geist stattfinden kann. Er spricht bildhaft davon, man müsse sich vorstellen, dass der selbstbewusste Geist in die Module *eindringt*. Was das genau bedeutet, bleibt offen. Eine Lösung dafür hat Eccles später in subatomaren Vorgängen gesucht, wie sie die Quantentheorie beschreibt.[102] Es sei denkbar, dass der selbstbewusste Geist in solche Vorgänge eingreift und damit feinste Zufallsprozesse an den Synapsen verändert. Wie Descartes' Annahme eines feinstofflichen Anteils im Blut verschiebt dieser Lösungsversuch das Problem nur, denn auch die subatomaren Prozesse sind physische Vorgänge. Im Grunde ist in Eccles' Dualismus der selbstbewusste Geist wieder eine Art Maschinist, der ein physisches System steuert, nur in einem modernen, eher kybernetischen Sinne verstanden und mit empirischen neurophysiologischen Erkenntnissen unterlegt. Und wie alle Wechselwirkungslehren wird Eccles' Theorie der ganzheitlichen Leib-Seele-Beziehung nicht gerecht, sodass auch seine Antworten auf die Frage nach dem Tod nicht voll befriedigen können. Bedeutsam an Eccles' Erkenntnissen ist vor allem, dass er als Neurophysiologe ersten Ranges die physikalistische Erklärung des Bewusstseins als nicht tragfähig verwirft, unter anderem durch den Nachweis, dass die Einheit des bewussten Erlebens nicht mit verteilten Gehirnstrukturen und Prozessen erklärbar ist. Die entsprechenden Argumente aus philosophischer Sicht wurden hier bereits erläutert (s. o. S. 60–70).

Einwände gegen Wechselwirkungslehren

Trotz der grundlegend richtigen Beobachtung, dass Leib und Seele wesensverschieden sind, greifen Wechselwirkungslehren zu kurz, weil sie die leib-seelischen Zusammenhänge als einen rein äußerlichen Austausch ansehen. Die Seele ist eben nicht nur an den Leib angeklebt, sondern in ihn eingesenkt. Das Seelische durchwohnt den Leib und ist sein belebendes Prinzip, wie schon eingangs am Unterschied von Leichnam und Leib deutlich geworden ist.[103] Stimmungen wie Trauer, Freude, Liebe und Zorn sind zugleich seelisch und leiblich. In Gestik und Mimik drückt sich Seelisches unmittelbar durch den Leib aus. In jeder körperlichen Handlung ist der Mensch in Einheit mit seinem Leib, man benutzt ihn nicht wie ein Werkzeug. Sartre, der zu diesem Thema hilfreiche Beobachtungen beigetragen hat, verdeutlicht das am Beispiel des Schreibens: „Das erste Glied ist überall gegenwärtig, aber nur *angezeigt*: Beim Schreiben erfasse ich nicht *meine* Hand, sondern nur den Federhalter, der schreibt; das bedeutet, dass ich den Federhalter benutze, um Buchstaben zu zeichnen, aber nicht *meine Hand*, um den Federhalter zu halten. In Bezug auf meine Hand bin ich nicht in derselben benutzenden Haltung wie im Bezug zum Federhalter; ich *bin* meine Hand." Ebenso sind wir im Wahrnehmungsakt ganz in Einheit mit unserem Leib. „Der Körper ist keine Scheibe zwischen den Dingen und uns", wie Sartre treffend formuliert.[104] Auch die Sprache mit ihren Nuancen und unendlichen Ausdrucksvarianten wird über ein leibliches Organ vermittelt. Beim Lachen, das des Menschen ureigenster Ausdruck ist, sind Seelisches und Geistiges untrennbar. Der Leib ist insgesamt auf die Seele hingeordnet. Diese Erkenntnis hat Hegel in eine seiner unvergänglichen Formulierungen gefasst: „Zum menschlichen Ausdruck gehört z. B. die aufrechte Gestalt überhaupt, die Bildung insbesondere der Hand, als des absoluten Werkzeugs, des Mundes, Lachen, Weinen usw. und der über das Ganze ausgegossene geistige Ton, welcher den Körper unmittelbar als Äußerlichkeit einer höheren Natur kundgibt."[105] Es ist dieser stets über den gesamten Leib *ausgegossene geistige Ton,* und zwar in der individuellen Prägung einer einzigartigen und unersetzbaren Person, der einem Leichnam fehlt und ihn damit für uns fast unkenntlich macht.

Wechselwirkungslehren könnten zwar wie der Parallelismus und der Okkasionalismus ein separates Weiterleben der Seele annehmen, da auch bei diesen Ansätzen Leib und Seele nur lose miteinander in Verbindung stehen und die geistige Natur der Seele ihr unabhängiges Bestehen denkbar macht. Jedoch müssten sich ihre philosophischen Annahmen bewähren, wenn sie auf die beobachtbare leib-seelische Realität angewendet werden. Das aber ist nicht der Fall, wie wir gesehen haben. Auf der Grundlage der Wechselwirkungslehren lässt sich also auch kein zutreffendes Bild vom Sterben und Tod des Menschen gewinnen.

Aktualistisch-prozessorientierte Auffassungen

Ein weiterer Versuch zur Lösung des Leib-Seele-Problems sind Prozess- und Aktualitätslehren, die nicht unbedingt die Eigenart des Mentalen bestreiten, jedoch die Substanzialität der Seele leugnen, also ihre Seinsweise als in der Zeit beharrendes individuelles und reales Seiendes mit Selbststand. Sie lösen das Seelische auf in Akte und Prozesse. Es gibt somit keine Seele, die diese Akte setzt oder hinter dem Strom des seelischen Geschehens steht. Der Begriff der Substanz sei eine falsche Vergegenständlichung.

Radikal hat bereits der englische Empirismus, insbesondere David Hume, Bewusstsein und Denken auf Sinnesempfindungen und Assoziationen zwischen ihnen reduziert. Das Ich ist nach dieser Auffassung ein *Bundel flüchtiger Wahrnehmungen im Bewusstseinsstrom* (s. o. S. 42).

Whitehead verbannt die Substanz vollständig aus seiner Prozessphilosophie. Das Sein bestehe aus *Ereignissen,* die in einem alles umfassenden Werdeprozess aufeinander bezogen sind. Die Person ist ein Zusammenhang von Ereignissen, ein „lebender Nexus" (s. o. S. 80).

Selbst für Max Scheler, dem wir so außerordentlich wichtige Erkenntnisse verdanken, ist das Geistseelische in seinen aktuellen Akten. Die Person ist mit ihren Akten identisch, sie ist die „Einheit aller Akte" als „einheitlicher, konkreter Tatfaktor", wie er sich ausdrückt, an den „keine sogenannte ‚Substanz' angeheftet werden darf"[106]. Er grenzt sich zwar gegen die Assoziationspsychologie Humes ab, deren psychischer Atomismus die Einheit der Person nicht aufbauen könne, aber sein Personbegriff bleibt in einer unklaren Schwebe. Scheler erkennt, dass

etwas die Akte *fundieren* müsse, grenzt dieses einheitsstiftende Etwas jedoch grundsätzlich von der Substanz ab, die er als
etwas Dinghaftes missversteht. Letztlich bleibt es dann bei einem vagen Umschreiben der Person als Aktzentrum, das vollständig in seinen Akten aufgeht: „Person ist die konkrete,
selbst wesenhafte Seinseinheit von Akten verschiedenartigen
Wesens."[107]

Gegen diese Auffassungen, nach denen die Person in der Kontinuität psychischer Zustände oder der Gesamtheit ihrer aktuellen Akte aufgeht, lassen sich triftige Argumente anführen:[108]

– Es ist nicht darstellbar, wie eine Vielheit von psychischen Zuständen sich zur Einheit des Ich-Bewusstseins verbinden
  kann, wenn es kein substanzielles Subjekt gibt, das sie erfährt. Psychische Kontinuität von Zuständen ist niemals so
  lückenlos aufeinander bezogen, dass sie die Identität der Person begründen könnte (es gibt vergessene Erfahrungen und
  Erfahrungen, die in keinem Zusammenhang stehen). Nach
  Schlafphasen und Zuständen der Bewusstlosigkeit finden wir
  uns bruchlos in der Identität unserer Person wieder.
– Wir erfahren unmittelbar, dass wir als bewusstes Ich es sind,
  die willentlich Akte setzen, auf eine Zukunft hin planen, sie
  vollziehen und ihre Wirkung als identisches Subjekt erfahren. Wobei natürlich die Person kein *leerer Ausgangspunkt* ist,
  wir stehen immer in unseren Akten. Dies hat Scheler richtig
  gesehen.

Aktualistische und prozessorientierte Auffassungen werden
also ebenfalls der leib-seelischen Realität nicht gerecht. Ein
Weiterleben ist unter ihren Annahmen schwer denkbar, denn

es gibt nichts, das die Fortdauer der Person fundieren könnte. Dementsprechend kann Scheler auch Fortleben nur als *Hinausschwingen* der Akte über den leiblichen Zerfall ansehen, „so, wie sich während des Lebens die Akte ‚hinausschwangen' über die Leibzustände"[109]. Und Brüntrup, ein Vertreter der Prozessphilosophie, spekuliert über ein erneutes Anstoßen des Bewusstseinsstroms unserer *Erste-Person-Perspektive* durch göttlichen Akt (s. o. S. 81f.).

Dialogisch-relationale Seelenvorstellungen

Auch christliche Theologen sind von der modernen Kritik des Substanzbegriffs nicht unbeeinflusst geblieben. Zwei machtvolle geistesgeschichtliche Strömungen haben dem Gedanken einer substanziellen Seele den Boden entzogen: die dialektische Verflüssigung des Seins durch Hegel einerseits und die empiristische Kritik an der Metaphysik andererseits. Auch Descartes' problematische Fassung des Substanzbegriffs hat zu dessen Diskreditierung beigetragen. Unter dem Einfluss dieser allgemeinen Tendenz und verbreiteter Missverständnisse der Substanzdefinition ist auch das christliche Denken schwankend geworden. Neue theologisch-philosophische Auffassungen vom Menschen und seinem Fortleben sind entstanden, die ohne Annahme einer substanziellen Seele auskommen wollen. Der bedeutende katholische Theologe Karl Rahner (1904–1984) etwa hat sich gegen einen Dualismus im Sinne der klassischen Philosophie gewandt, da es keinen Grund gäbe, dem Leib ein „abscheidbares Moment entgegenzusetzen, das man ‚Geist' oder ‚Seele' nennt"[110]. Die Theologie könne den Begriff „Seele" höchstens noch verwenden, um der *Primitivität des Alltagsdenkens* entgegenzukommen. In den Mittelpunkt des Denkens über Tod und Auferstehung rückte stattdessen die Beziehung des Menschen zu Gott, die getragen wird von dessen liebender Zuwendung. Joseph Ratzinger (Papst emeritus Benedikt XVI.) spricht in diesem Sinne vom *dialogischen Charakter der Auferstehung* der Toten als rettender Tat des liebenden Gottes. Die von Theodor Schneider herausgegebene Dogmatik schreibt im Anschluss daran als aktuelle Lehre fest, der Seelenbegriff werde nun *relational statt substanziell* aufgefasst, in Abgrenzung zum klassischen Seelenbegriff. Dementsprechend sei auch Unsterblichkeit besser als *dialogische oder relationale Unsterblichkeit* zu verstehen, da Gott sein als Dialogpartner gewolltes „Geschöpf auch im Tode nicht untergehen lässt"[111].

Diese Auffassung übernimmt Motive des dialogischen Personalismus, wie er vor allem vom jüdischen Religionsphilosophen Martin Buber (1878–1965) entwickelt wurde. Bubers Grundintuition ist die Erkenntnis, dass sich die Beziehung zu einem personalen Du fundamental von der zum sachhaften Es unterscheidet. In einer wahren Beziehung wird das Du des Mitmenschen nie Objekt oder Mittel sein. Der Mensch ist nur wirklich Mensch, wo er einem Du begegnen kann. In einer solchen Begegnung leuchtet zugleich das göttliche Du auf, „denn durch die Berührung jedes Du rührt ein Hauch des ewigen Lebens uns an"[112]. Dies ist zweifellos wahr, jedoch wird die Dyade *Ich-Du* in der Philosophie Bubers fast zu einer unauflöslichen Einheit, und das Subjekt tendiert dazu, in dieser Relation aufzugehen. Hier wirkt Hegels dialektische Aufhebung von Subjekt und Objekt nach. Sicherlich ist der Mensch auf das mitmenschliche Du bezogen und wesenhaft *Dialogpartner Gottes*, wie es in der dialogisch-relationalen Seelenauffassung heißt, aber der Mensch *ist* nicht diese Relation.

Auch die christliche Existenzphilosophie Gabriel Marcels (1889–1973) ist hier zu nennen. Marcel ist ein bedeutender Vertreter des dialogischen Denkens, der vielfältigen Einfluss auf die christliche Philosophie und Theologie gehabt hat.[113] Er ist ebenfalls von Hegels Dialektik beeinflusst. Im Zentrum seines Denkens steht wie bei Buber die Ich-Du-Relation, während ihm das Substanzdenken verdächtig erscheint, weil es eine Verdinglichung bedeute. Die Relation von Ich und Du wird ihm mehr noch als bei Buber zu einer *Zwischen-Subjektivität*, die eine eigene Wirklichkeit hat.[114] In Marcels Philosophie des Todes ist sie dann auch das, was überdauern kann. Die Ich-Du-Relation ist unzerstörbar, sofern sie sich als schenkende Liebe und nicht als Inbesitznahme verwirklicht. Es entsteht dann ein Band, das der Tod nicht zerreißen kann. Wir sind gewiss, dass es auf Ewigkeit angelegt ist und somit der Tod den Menschen, auf den sich meine Liebe richtet, nicht zu zerstören vermag, denn Gott wird diese Relation zu ihm erhalten. Es gäbe gute, hypothetische Argumente für das Weiterleben nach dem Tod, viel stärker jedoch sei die Erfahrung einer unmittelbaren Gewissheit, dass unsere Toten bleibend gegenwärtig sind. Diese Gewissheit sei weit mehr als eine plausible Hypothese und insofern *supra-hypothetisch*.

Eine der wunderbaren Stellen dazu bei Gabriel Marcel lautet: „Die Gegenwart aber, wie ich sie beschworen habe, ist supra-hypothetisch, sie führt zu einer unbesiegbaren Gewissheit, die mit der oblativen [schenkenden] Liebe verbunden ist. Sie findet ihren Ausdruck in Behauptungen wie: ‚Ich bin sicher, dass du mir gegenwärtig bleibst, und diese Gewissheit ist an die Tatsache gebunden, dass du mir weiter beistehst, dass du mir vielleicht direkter beistehst, als du es auf Erden zu tun vermochtest. Wir sind zusammen im Licht, oder richtiger: Ich gewinne in den Augenblicken, in denen ich mich von mir selbst löse, in denen ich aufhöre, mich in den Schatten zu stellen, Zugang zu einem Licht, das *dein* Licht ist: Ich will gewiss nicht sagen zu einem Licht, dessen Quelle du bist, aber zu dem Licht, in dem du dich selbst entfaltest, zu dem Licht, das du auf mich reflektieren oder ausstrahlen lässt.'"[115]

Dies ist eine starke Intuition, die für Marcel dadurch als wahr gesichert wird, dass der liebende Gott diese Relation der Liebe notwendig erhalten muss. Marcel fragt in einer seiner Vorlesungen: „Ist es nun fassbar, dass ein Gott, der sich unserer Liebe neigt, gegen diese selbe Liebe aufsteht, sie zu leugnen, zu vernichten?"[116] In dieser Liebe erfahren wir ein Licht, in dem uns Göttliches aufleuchtet und uns die Unzerstörbarkeit dieses Bandes verbürgt.

Nun werde aber auch ich, der ich liebe und liebend mit dem geliebten Toten in Verbindung bleibe, einmal sterben. Muss ich dann nicht fragen, ob nicht mehr als die liebende Relation überdauern muss, damit ein Fortleben denkbar ist? Einen Beweis für ein Weiterleben liefert Marcel damit also nicht, bekräftigt aber die starke Intuition, dass der geliebte Mensch *abwesend ist in Anwesenheit*, nach der eindrücklichen Formulierung von Paul Landsberg.

Gegen alle dialogisch-relationalen Seelenvorstellungen muss eingewendet werden, dass eine Relation nicht für sich selbst bestehen kann; sie ist immer Beziehung von etwas zu etwas, wie schon Aristoteles aufgewiesen hat. Ohne Substanzen bzw. Subjekte, an denen sie als deren Eigenschaft ist, hat sie kein eigenes Sein. Damit bleibt auch bei dieser Richtung des Dualismus nichts, woran sich ein Weiterleben festmachen könnte.

Joseph Ratzinger (Papst emeritus Benedikt XVI.), der sich mehrfach auf Gabriel Marcel bezieht, hat in seinen späteren Werkphasen den bleibend gültigen Gehalt des dialogischen Denkens mit der klassischen Seelenauffassung versöhnt.[117] Er spricht von einer *Rehabilitierung der Seele*. Scharf heißt es in seinem 1990 verfassten Rückblick auf die theologische Diskussion: „Der Versuch, ohne den Begriff Seele auszukommen, erneuert nicht den biblischen Glauben, sondern zerstört seine Logik." Einerseits müsse notwendig von einer „*natürlichen Unsterblichkeit" der Geistperson* ausgegangen werden, andererseits sei festzuhalten, dass dem Menschen dies nicht von ihm selbst her zukommt, sondern allein durch das gnadenhafte Wirken Gottes. Die Beziehung zu Gott mache das Wesen der Seele aus. Das biblische Denken dürfe nicht in Gegensatz zur griechischen Philosophie gebracht werden, denn deren Kategorien hätten entscheidend dazu beigetragen, die biblische Botschaft mit einer Anthropologie zu unterbauen. Dabei nähert er sich der von Thomas von Aquin entwickelten Lehre, die das aristotelische Stoff-Form-Prinzip zur Lösung des Leib-Seele-Problems anwendet. Damit sei eine Synthese gefunden worden, die den biblischen Glauben an die leiblich-ganzheitliche Auferstehung mit der Substanzialität der Seele in Einklang bringt und die schroffe Entgegensetzung von Leib und Seele des platonischen Dualismus überwindet.

Wenn wir nun den bisher zurückgelegten Weg betrachten, läuft offenbar alles auf die entscheidende Frage hinaus, ob sich die Substanzialität der Seele philosophisch begründen lässt, ob also die Seele ein in sich stehendes Sein ist, das im Wechsel der Zustände beharrt, oder ob sie als reiner Bewusstseinsstrom allein aus ihren Akten und wechselnden psychischen Zuständen besteht. Ein Weiterleben erfordert ja, dass etwas den physischen Tod überdauert, in dem die individuelle Personalität eines Menschen fortbestehen kann, wie immer das zu denken ist. Dies wäre nur einer substanziellen Seele möglich, denn der Leib unserer irdischen Existenz vergeht offenkundig, und ein Bewusstseinsstrom würde zusammen mit ihm verlöschen. Die geistige Natur des Seelischen können wir nach den bisherigen Erörterungen dabei als gesichert voraussetzen.

Selbst in der Theologie ist das jedoch nicht mehr selbstverständlich. Das hat bereits die Diskussion der dialogisch-relationalen Seelenvorstellungen gezeigt. Neuere Richtungen der protestantischen Theologie[118] leugnen eine vom Leib wesensverschiedene Seele und ihre Unsterblichkeit, wie sie die griechische Philosophie vertreten hat. Neben dem Druck des modernen, einseitig naturwissenschaftlich geprägten Denkens spielt dabei die bereits bei Luther angelegte Auffassung eine Rolle, das biblische Denken sei durch die griechische Philosophie verfälscht worden. Notwendig ergibt sich dann, dass der Tod die vollständige Vernichtung des Menschen bedeutet. Gott werde aber am Ende der Zeiten die Toten auferstehen lassen, indem er sie vollkommen neu erschafft. Die Auferstehung sei die wahre biblische Botschaft, während die These der Unsterblichkeit der Seele dem Menschen eine Selbstmächtigkeit zuschreibe, die seiner von Grund auf unvollkommenen und sündhaften Natur nicht zukomme. Diese sogenannte *Ganztodtheologie* ist nicht unwidersprochen geblieben, war allerdings bis in die katholische Theologie hinein einflussreich. Philosophisch lässt sich dem entgegenhalten, dass die Doublette eines Menschen, auch wenn sie von Gott erschaffen wird, doch nicht identisch ist mit dem, der mit uns im Leben geweint, gelacht, gelitten hat, mögen ihm auch dieselben Erinnerungen eingeschaffen sein. Sollten wir ihm in der jenseitigen Existenz begegnen können, ist es nicht derselbe, an dessen Schulter wir uns Trost suchend angelehnt haben. Er ist es auch nicht, der im Leben Böses getan hat, also kann er sich dafür nicht verantworten, worin sicher nicht zuletzt der Sinn einer jenseitigen Existenz besteht. Theologisch wäre einzuwenden, dass nicht vorstellbar ist, Gott würde die Fülle unseres gelebten Lebens, das er ja selbst will, ins Nichts fallen lassen, um uns dann später erst als Klon von uns neu zu erschaffen. Auch die biblischen Texte lassen sich nur „durch geschickte literarkritische Manipulation" mit dieser Auffassung in Übereinstimmung bringen, wie Joseph Ratzinger (Papst emeritus Benedikt XVI.) ausführlich gezeigt hat.[119]

Es bleibt also dabei: Vorausgesetzt, die Seele ist Substanz und somit ein für sich bestehendes geistiges Seiendes, das im Wechsel seiner Eigenschaften als Identisches beharrt, könnte sie Träger einer jenseitigen Existenz sein. Damit wäre die Identität des Menschen über den Tod hinaus gegeben. Ob sich das begründen lässt und wie diese jenseitige Seinsweise der Seele dann zu verstehen ist, da der Mensch im Leben eine leib-seelische Einheit ist, muss nun die folgende philosophische Argumentation erweisen. Leitgedanke dabei ist das aristotelische Stoff-Form-Prinzip (Hylemorphismus) in der Weiterentwicklung durch Thomas von Aquin sowie dessen moderne Fortschreibung, mit dem sich die Widersprüche der bisher betrachteten dualistischen Positionen auflösen lassen.

Die Seele als Substanz

Um die hier also entscheidende Frage klären zu können, ob die Seele substanziell ist, muss zunächst der sachgerechte Substanzbegriff zurückgewonnen werden, der heute unter der Last einseitiger Sichtweisen vollkommen verschüttet und durch zahlreiche Fehldeutungen verzerrt ist. Die gesamte Moderne hat Schwierigkeiten damit. Dies ist unter anderem eine Nachwirkung Hegels, der alles Sein in einen nie Halt machenden *bacchantischen Taumel* hineingerissen hat, ein nicht enden wollendes, dialektisch getriebenes Kreisen des Werdens und Vergehens, von Nichts zu Nichts. Die Existenzphilosophie etwa ist zutiefst davon geprägt. Letztlich entscheidend für die weitgehende Verdrängung des Substanzgedankens war aber der Empirismus mit seiner auf Zähl- und Messbares reduzierten Sicht der Erkenntnis. Er hat schließlich den Weg zum metaphysischen Denken vollständig verbaut und damit den Substanzgedanken untergraben, da dieser für eine allein am Sinnlichen orientierte Erkenntnismethode nicht greifbar ist. Dabei arbeitet sich die moderne Kritik des Substanzgedankens meist an Descartes ab, dessen verkürzte, spekulativ gewonnene Substanzdefinition allerdings entsprechende Angriffspunkte bietet.

Die klassische Substanzdefinition, die in der modernen Diskussion zu wenig in den Blick kommt oder falsch verstanden wird, basiert dagegen auf einer realistischen Seinslehre und wurde bereits von Aristoteles herausgearbeitet. Sie geht von der konkreten, beobachtbaren Realität aus, in der wir stets abgegrenzte Einheiten des Seins feststellen, deren Eigenschaften wechseln, die aber selbst als identische für sich bestehen bleiben. Eigenschaften dagegen können nicht für sich sein, sie sind immer etwas *Hinzukommendes (Akzidenzien)* an etwas, das sich als deren tragender Grund durchhält. Dieser tragende, beharrende Grund, das *Darunterstehende*, ist die *Substanz.* Farbe oder Position eines Stuhls im Raum etwa mögen wechseln, der Baum mag belaubt sein oder nicht, es bleibt doch stets derselbe Stuhl, es ist derselbe Baum. Eine Person kann unterschiedlich gestimmt, gesund, gekleidet sein, sich hier oder dort befinden, sie bleibt doch eindeutig diese eine bestimmte Person.

Substanz in diesem Sinne ist also immer ein einzelnes *Dieses-da*, ein bestimmtes *Ding oder Individuum*, z. B. diese Person namens Oskar. Im Anschluss an Aristoteles spricht man von *ersten Substanzen*. Abstrakte Wesenheiten, also Art- oder Gattungsbegriffe nennt er *zweite Substanzen*, z. B. *Mensch* als die Art der vernunftbegabten Sinnenwesen. Für unsere Fragestellung, ob die Seele substanziell ist, interessiert hier die erste Substanz. Sie wird folgendermaßen bestimmt:[120]

– Sie hat Selbststand, ist also ein abgegrenztes, in sich stehendes reales Seiendes.
– Sie ist Träger von Eigenschaften, aber nicht selbst Eigenschaft an einem anderen Seienden.
– Sie ist ein in der Zeit identisch bleibendes Seiendes, an dem nur Eigenschaften (Akzidenzien) wechseln, die lediglich abhängig von ihr und an ihr Sein haben.

Substanzen gliedern die Welt zu einer verlässlichen Ordnung und bieten uns Haltepunkte für die Orientierung in ihr. Schon das spricht dagegen, dass sie nur eine verknüpfende Zusammenfassung von Vorstellungen unter einem Begriff sind, wie es Hume wollte, oder ein Strom von Ereignissen nach Whitehead. Es sind reale Sinngestalten, die wesenhafte Bestimmungen eines Seienden zu einer Ganzheit zusammenschließen, die wir sicher als die immer eine und dieselbe identifizieren können. Das dabei einheitsstiftende Prinzip nennt Aristoteles *Form*. Es ist ein metaphysisches Prinzip, das nicht zu verwechseln ist mit der äußeren Gestalt eines Dinges. Form und die von ihr geprägte Materie bilden zusammen eine Substanz. Dies ist das schon angesprochene Prinzip des Hylemorphismus. Der Empirismus dagegen kann ein einzelnes Seiendes nicht anders auffassen als ein Bündel von Eigenschaften. Damit aber lassen sich individuelle Ganzheiten nicht verstehen, in denen einzelne Eigenschaften durch die Einheit, in die sie eingehen, einen neuen Sinn erhalten.

Der so gesicherte Substanzbegriff ist noch gegen Fehldeutungen abzugrenzen, die weithin das moderne Denken bestimmen:

– Substanz sei ein „nur gedachtes Ding hinter und außer dem unmittelbar Erlebten", heißt es etwa bei Scheler[121]. Nach Russel[122] ist sie nichts als eine Leerstelle, ein nur imaginäres Zentrum, um das sich Eigenschaften anordnen, also selbst nicht existent und damit eine überflüssige Annahme. Dies verkennt, dass grundlegende Wesensbestimmungen die Substanz erst zur Substanz machen und mit ihr in unauflöslicher Einheit sind. Werden sie der Substanz genommen, hört sie auf zu bestehen. Ein Stapel Feuerholz ist nicht mehr der

Baum. Der winterlich kahle Baum allerdings ist noch stets Baum.

– Substanz, so Nicolai Hartmann[123], werde als zeitlos gedacht und sei damit ein widersprüchlicher Begriff, da sie dann nicht im Zeitlichen verwirklicht sein könnte. Brüntrup[124] meint, sie werde so vorgestellt, als wandere sie bloß durch die Zeit, „ohne in ihrem Wesen von der Dimension der Zeitlichkeit bestimmt zu sein". Hier liegt eine Verwechslung mit der zweiten Substanz, also den allgemeinen, abstrakten Begriffen vor, die in der Tat dem Zeitlichen enthoben sind. Die ersten Substanzen dagegen sind als konkretes individuelles Seiendes in der Zeit realisiert und entfalten ihre Möglichkeiten in ihr. Sie beginnen und enden in der Zeit.

– Substanz sei das Unverursachte, nach dem fatalen Missverständnis von Descartes, das dann auch Spinozas Substanzauffassung geprägt hat. Beide verwechseln das In-sich-Stehen und Für-sich-Sein mit dem grundlosen Aus-sich-selbst-Sein, das nur Gott zukommt.

In der aktuellen philosophischen Diskussion gibt es durchaus wieder eine Annäherung an das aristotelische Denken. Neo-aristotelische Ansätze knüpfen an den Substanzgedanken an, betrachten dabei aber die Form als bloße Struktur von Elementen. Hier fehlt das metaphysische Denken, das hinter den Vordergrund des Sinnenbildes schaut und das einheitsstiftende Mehr der Substanz sieht, das sich nicht auf die Verbindung von Elementen einer Struktur zurückführen lässt. Im Falle der Substanz werden die Elemente vielmehr in die Einheit eingestaltet und dabei im Sinne des Formprinzips transformiert, während sie in einer Struktur unverändert und nur durch Beziehungen miteinander verbunden sind. Aristoteles macht das an seinem bekannten Silben-Beispiel klar: „Das, was in dieser Weise zusammengesetzt ist, dass das Ganze Eines ist, ist nicht wie ein Haufen, sondern wie eine Silbe. Die Silbe aber ist nicht dasselbe wie ihre Buchstaben, BA ist nicht dasselbe wie B und A, ebenso Fleisch nicht dasselbe wie Feuer und Erde (nach der Auflösung nämlich gibt es das eine nicht mehr, wie etwa das Fleisch und die Silbe; wohl aber gibt es die Buchstaben, ebenso das Feuer und die Erde). Es ist also die Silbe etwas, nicht nur Buchstaben, Vokale und Konsonanten, sondern noch etwas davon Verschiedenes, und ebenso ist das Fleisch nicht nur Feuer und Erde oder Warmes und Kaltes, sondern auch noch etwas davon Verschiedenes."[125] Weit mehr noch als bei körperlichen Dingen ist diese substanzielle Einheit in der Selbstheit von Lebewesen und in höchster Form in der Ichheit des Menschen verwirklicht, die beide Seelenvermögen sind, also immateriell und somit frei von jeder Zusammensetzung aus räumlich angeordneten Teilen.

Nach dieser Vorbereitung lässt sich nun zeigen, dass die Seele eine Substanz ist, also ein reales Seiendes, das im Wechsel seiner Zustände Bestand hat und sich nicht auf einen Bewusstseinsstrom reduzieren lässt. Dies ist für unsere Selbsterfahrung unabweisbar richtig: Wir erleben uns gewiss als dieses eine, von anderen unterschiedene Ich. Während unsere Stimmungen und Gedanken wechseln, wissen wir uns doch als diejenigen, die sie über alle Wechsel der Umstände hinweg erfahren. Ebenso gewiss ist, dass wir der willentliche Ursprung unserer Handlungen sind, die wir auf die Zukunft hin planen, wobei wir unsere Erfahrungen aus der Vergangenheit dabei mit einbeziehen. Wir sind nicht nur ein Gegenwartspunkt, ein flüchtiger Akt in einem Aktstrom, sondern haben unsere Vergangenheit und den

Hinblick auf unsere Zukunft in der Einheit unseres identischen Ich stets gegenwärtig. Aus diesem geistigen Mittelpunkt heraus handeln wir als über uns selbst verfügende freie Subjekte, die Werte erkennen und sich nach ihnen richten können. Und natürlich sind wir auch nicht Eigenschaft an etwas anderem, wir stehen in uns, haben Selbststand. Der Mensch ist also ein mit sich identisch bleibendes Subjekt, er hat eine substanzielle Seele. Dass diese substanzielle Seele geistig ist, wurde bereits ausführlich gezeigt. Bewusstsein und Freiheit lassen sich mit einer materialistischen Weltsicht nicht erklären.

Wir dürfen also begründet die Substanzialität der geistigen Seele annehmen. Ist damit aber bewiesen, dass die Seele den Tod überdauert? Noch nicht, jedoch haben wir zumindest ein identisches, bewusstes Subjekt in dieser substanziellen Seele gefunden, ein Etwas, das überdauern könnte.

Exkurs

Die Auseinandersetzung um die Substanzialität der Seele ist nicht nur zentral für die Frage nach dem Tod. Mit ihr entscheidet sich auch, welches Menschenbild das gesellschaftliche Zusammenleben bestimmen wird. Selbststand, personale Identität, Freiheit und Verantwortung gibt es nur, wenn die geistige Person nicht in psychische Prozesse aufgelöst oder zu einem Epiphänomen physischer Vorgänge herabgewürdigt wird, wie es der Physikalismus konsequent vollzieht. Zu einer vollständigen Leugnung des Subjekts überhaupt gelangten die Poststrukturalisten Michel Foucault (1926–1984) und Jacques Derrida (1930–2004), die den Tod des Subjekts verkünden, da es lediglich ein sprachliches oder historisch gewordenes Konstrukt sei. Sobald man den Menschen rein naturalistisch auf ein biochemisches System reduziert oder ihm die Subjekthaf-

tigkeit abspricht, wird der Schutz vor Übergriffen auf die Unverletzlichkeit der Person brüchig, mögen solche Positionen auch den „Humanismus" als Schlagwort im Munde führen. Selbst Euthanasie wird dann zur Option.

Die Seele als Form des Leibes

Um nun weiterzukommen, muss man verstehen, wie die Seelensubstanz in die leib-seelische Einheit eingeht, die offenkundig besteht, und wie die Seele nach dem Tod ohne leibliche Einbindung existieren kann. An diesem Problem scheitert der Dualismus von Descartes, der das Räumliche (res extensa) des Leibes und das Geistige (res cogitans) der Seele vollständig getrennt gegenüberstellt und nur eine äußerliche Wechselwirkung annimmt. Wir können den Leib aber nicht abstreifen wie einen verschlissenen Anzug. Bei der Diskussion der Wechselwirkungslehren wurde bereits gezeigt, dass die Seele in den Leib eingesenkt ist und ihn vollständig durchwirkt. Es gibt keinen Sitz der Seele, sie ist im gesamten Leib als immaterielles Prinzip. Die Selbsterfahrung zeigt es deutlich, und die Sprache bringt es klar auf den Begriff, wenn wir sagen, dass jemand niedergedrückt ist, beschwingt oder gelähmt. Damit sind Zustände gemeint, die sich sowohl innerlich-seelisch abspielen als auch im Leib ihren Ausdruck finden. Die Sprache selbst ist ein leib-seelischer Ausdruck.

Die Auflösung dieses scheinbaren Widerspruchs zwischen substanzieller Seele und leib-seelischer Einheit hat Aristoteles mit seinem Stoff-Form-Prinzip, dem sogenannten Hylemorphismus, angebahnt. Er sah die Einheit von Leib und Seele bereits sehr klar. Seine Substanzmetaphysik, nach der die Substanzen als die realen Gegebenheiten der Wirklichkeit aus Materie und Form zusammengesetzt sind, ließ ihn das Verhältnis von Seele und Leib besser verstehen als Platon. Die Lehre des Hylemorphismus, angewandt auf den Menschen, erkennt in der Seele die Form des Leibes. Hier darf man den Begriff „Form" nicht nur als die rein äußerliche Leibesform verstehen. Die Seele ist ein den Menschen in seinem Wesen bestimmendes, organisierendes Lebensprinzip in vollständiger Durchdringung und Durchbildung des Leibes. Einschlägig ist seine Schrift *Über die Seele* (*De anima*), in der er ausführt:[126] „Damit ist also ganz allgemein gesagt, was die Seele ist. Sie ist nämlich der Definition nach eine Wesenheit. Das heißt: Sie ist das Wesens-Was für einen ganz bestimmten Körper." Daher zerfällt der Körper, „wenn die Seele ihn verlässt". Auch der sinnliche Teil der Seele, der über die Sinnesorgane an den Leib gebunden ist, muss daher mit dem Tod vergehen. Der geistige Teil der Seele als Sitz der Vernunft aber kann seine Akte ohne den Leib vollziehen, behält so seine Unabhängigkeit und ist vom Leib abtrennbar, „wie das Ewige vom Vergänglichen".

Thomas von Aquin (1225–1274) und die Scholastiker haben daran angeknüpft und den aristotelischen Stoff-Form-Gedanken weiterentwickelt. Nachdem die christliche Theologie bis dahin in Kategorien des platonischen Dualismus gedacht hatte, konnten nun die Lehren vom ewigen Leben und der Auferstehung wesentlich schlüssiger mit den anthropologischen Fakten in Einklang gebracht werden. Leib und Seele versteht Thomas von Aquin im Sinne des aristotelischen Hylemorphismus als zwei Teilsubstanzen, die zusammen als sogenannte *Hypostase* die substanzielle Einheit des individuellen Menschen ausmachen. Nur in dieser Einheit ist der Mensch Person, denn

Leib und Seele sind aufeinander verwiesen. Dies ist nicht wie bei Platon (und später bei Descartes) nur eine äußerliche Verbindung, denn die Seele ist die Wesensform des Menschen und als ihr organisierendes Lebensprinzip im gesamten Leib gegenwärtig. Die phänomenologischen Befunde und die Selbsterfahrung des Menschen stimmen damit gut überein. Es wurde aber bereits nachgewiesen, dass die Seele auch selbst Substanz ist, also ein für sich Bestehendes. Sie behält daher auch in der Hypostase ihr eigenes Sein, indem sie mit ihren geistigen Vermögen über das Leibliche hinausragt, in das sie eingesenkt ist. Thomas von Aquin erläutert dazu: „Oberhalb von allen diesen [vollständig von der Materie abhängigen] Formen aber findet sich eine Form, die den höheren Substanzen [den rein geistigen] ähnlich ist sogar in Bezug auf die Gattung des geistigen Erkennens. Daher ist sie zu einer Tätigkeit imstande, die ganz und gar ohne ein körperliches Organ zustande kommt. Diese [Form] aber ist die geistige Seele: Denn das geistige Erkennen geschieht nicht durch ein körperliches Organ. Deswegen darf jenes Prinzip, durch das der Mensch erkennt, welches die geistige Seele ist und das über die Seinsverfassung der körperlichen Materie hinausgeht, nicht wie die anderen materiellen Formen gänzlich von der Materie durchdrungen oder in sie eingetaucht sein. Das aber zeigt ihre geistige Tätigkeit, an der die körperliche Materie nicht teilnimmt. – Dass aber selbst das geistige Erkennen der menschlichen Seele derjenigen Potenzen bedarf, die durch bestimmte körperliche Organe tätig sind – nämlich der Einbildungskraft und der Sinne –, erklärt sich daraus, dass die Seele zum Zustandekommen der menschlichen Art natürlicherweise mit dem Körper vereinigt ist.“[127] Auch dies entspricht den aktuellen Forschungsergebnissen, die bereits bei der Kritik des Materialismus dargelegt wurden (s. o. S. 60–70).

Damit ist gezeigt, wie die offenkundige Leib-Seele-Einheit und die Substanzialität der Seele zusammen bestehen können und wie trotzdem eine Ablösung der Seele vom Körper möglich ist. Das Stoff-Form-Prinzip lässt uns nun auch besser den Unterschied von Leib und Leichnam verstehen. Die Seele ist ohne Vermittelndes unmittelbar im gesamten Leib als dessen durchformendes Prinzip. Verlässt sie ihn, ist der gesamte Körper entseelt. „Denn vom Auge eines Toten und seinem Fleisch spricht man nur äquivok"[128], also in ganz unterschiedlichem Sinne. Die gebrochenen Augen des Toten sind nicht mehr das Seelentor, das sie zu Lebzeiten des Menschen waren. Der Leichnam ist nur noch der erstarrte Abdruck des vom personalen Zentrum ausgehenden geistseelischen Ausdrucks.

Argumente für das Weiterleben der Seele

Mit ihren sinnlich-vegetativen Vermögen ist die Seele also vollkommen eins mit dem Leib, aber ihre geistigen ragen darüber hinaus, sodass diese ihre Selbstständigkeit bewahren. Die Widerlegung des Epiphänomenalismus bestätigt das auch aus der Sicht heutiger Erkenntnisse. Neben der Substanzialität und der Geistigkeit der Seele ist somit nachgewiesen, dass sie vom Leib ablösbar ist trotz der leib-seelischen Einheit, in die sie während des irdischen Lebens eingesenkt ist. In der *Summe der Theologie* argumentiert Thomas von Aquin: „Die Seele teilt jenes Sein, kraft dessen sie für sich besteht, dem Stoff mit, aus welchem mit ihr als bildender Form eine Einheit wird. Dieses Sein also ist das Sein des Zusammengesetzten und zugleich das für sich bestehende Sein der Seele; was bei anderen Formen, welche kein Für-sich-Bestehen aus sich haben, nicht der Fall ist. Und deshalb bleibt die Seele auch nach der Auflösung des Leibes; wie etwa das Licht ganz wohl Licht bleibt, wenn auch das grüne Glas seinem Einfluss entzogen wird, das unter selbem in grüner Farbe strahlte."[129]

Die Ablösbarkeit der Geistseele, die bereits Aristoteles gesehen hat, bedeutet jedoch noch keinen Nachweis ihres Weiterlebens. Aristoteles äußert sich dazu nicht. Thomas von Aquin hat diesen Nachweis dann konsequent mit den folgenden Argumentationsschritten durchgeführt.[130] Zentral dabei ist das Argument, dass immaterielle Formen unzerstörbar sind:

1. Die geistigen Substanzen sind immateriell; „nimmt man nämlich die Ausdehnung weg, so ist die Substanz unteilbar. Es wurde aber dargelegt, dass keine erkennende Substanz ein Körper ist. Also ergibt sich, dass sie nicht aus Materie und Form zusammengesetzt ist".

2. Daraus folgt, dass „die geistigen Naturen selbstständige Formen sind und nicht in der Materie existierende, als wenn ihr Sein von der Materie abhinge".

3. Geistige Substanzen sind daher unzerstörbar, denn wo „keine Zusammensetzung von Form und Materie vorliegt, dort kann eine Trennung dieser beiden nicht stattfinden, folglich auch keine Zerstörung. Es wurde aber dargelegt, dass keine geistige Substanz aus Materie und Form zusammengesetzt ist. Daher ist keine geistige Substanz zerstörbar".

4. Allerdings ist die Seele nicht nur äußerlich mit dem Leib verbunden, „wie der Mensch mit seiner Kleidung vereinigt" ist. Seele und Leib werden im Menschen zu einer einzigen Subs-

tanz vereinigt. Die Seele ist ohne Vermittelndes unmittelbar im gesamten Leib. Sie ist „die Form des beseelten Körpers", nicht nur im Sinne einer äußeren Gestalt, sondern als ein alles durchprägendes Prinzip.

5. Der geistige Seelenteil behält jedoch seine Unabhängigkeit in dieser Vereinigung mit dem Leib, denn er ist nicht an ein physisches Organ gebunden, obwohl er auch über die Sinne vom Leib abhängig ist.

6. Die geistige Seele ist daher abtrennbar, und da sie unzerstörbar ist, wie gezeigt wurde, wird sie auch den Tod des Leibes überdauern.

Das ist schlüssig. Allerdings bedeutet die physische Unzerstörbarkeit immaterieller Substanzen nicht, dass sie ewig dauern müssen, denn auch sie sind geschöpflich und haben ihren Grund nicht in sich selbst. Thomas von Aquin hat das selbst gesehen und fügt daher als Voraussetzung für die Weiterexistenz hinzu, dass Gott der Seele nicht die Seinsgrundlage entzieht.[131] Damit ist bereits die entscheidende Frage der Herkunft der Seele angesprochen. Für Thomas von Aquin und die christliche Philosophie ist sie von Gott geschaffen. Der nächste Abschnitt wird das näher begründen.

Will Gott aber den Menschen mit seiner Freiheit zum sittlichen Handeln, dann wäre es ein *absurder metaphysischer Sinnwiderspruch*, wie Josef Seifert argumentiert, wenn Gott die Geistseele durch den Tod ins Nichts fallen ließe.[132] Alles sittliche Handeln ist schließlich auf stetige Annäherung an das Gute hin angelegt. Das aber kann in einem endlichen Leben nie zum Ziel kommen. Damit hat auch Kant für die Unsterblichkeit argumentiert. Eine ausgleichende Gerechtigkeit ist erforderlich, wenn unser Handeln nicht unserer eigenen menschlichen Willkür überlassen bleiben soll. Die Folgen schuldhaften Handelns, die wir selbst niemals rückgängig machen können, müssen von einer absoluten Instanz, von Gott, ausgeheilt werden. Man darf hinzufügen, dass auch das geistige Wachstum des Menschen über seine Endlichkeit hinausweist. Das Streben nach dem Schönen und Wahren bleibt in diesem Leben nur eine Annäherung.

Als Schlussfolgerung können wir also ein Weiterleben der substanziellen und individuellen Geistseele nach dem leiblichen Tod plausibel annehmen.

Exkurs
Die Verwirrungen im Gefolge der sogenannte Ganztodtheologie und die Ablösung des Seelenbegriffs durch dialogisch-relationale Vorstellungen haben in den Siebzigerjahren des letzten Jahrhunderts sogar dazu geführt, dass in der katholischen Totenliturgie „Seele" durch „Unser Bruder", „unsere Schwester" oder „dein Diener" ersetzt wurde. Unter dem Druck des Zeitgeistes meinte man, den Seelenbegriff nicht mehr vermitteln zu können. Mit einem „Schreiben zu einigen Fragen der Eschatologie" vom 17. Mai 1979 hat die Glaubenskongregation dazu klargestellt: „Die Kirche hält an der Fortdauer und Subsistenz eines geistigen Elementes nach dem Tode fest, das mit Bewusstsein und Willen ausgestattet ist, sodass das „Ich des Menschen" weiterbesteht, wobei es freilich in der Zwischenzeit seiner vollen Körperlichkeit entbehrt. Um dieses Element zu bezeichnen, verwendet die Kirche den Ausdruck ‚Seele', der durch den Gebrauch in der Heiligen Schrift und in der Tradition sich fest eingebürgert hat."

Evolutionstheorie und Naturalismus sind heute Dogmen des Wissenschaftsbetriebes. Es sind sicherlich fruchtbare Paradigmen der Forschung, die wichtige Erkenntnisse hervorgebracht haben, zentrale Fragen aber können sie nicht beantworten. Die Existenz des Seins, also die Tatsache, dass es überhaupt etwas gibt und nicht einfach nur nichts, erklärt kein Urknall, denn der setzt Seiendes ja schon voraus. Die Unwahrscheinlichkeit der Entstehung des Lebens lässt sich nur wegerklären, wenn man mit der Multiversumstheorie eine schier unendliche Vielfalt an Universen annimmt, von denen das unsere eben die eine seltene Ausprägung ist, die Leben ermöglicht. Die Erklärung des Bewusstseins aus materiellen Ursachen ist prinzipiell unmöglich, wie gezeigt wurde, also auch evolutionstheoretisch nicht verstehbar. Trotzdem wagt kaum jemand noch, die Konsequenz zu ziehen, die sich aus der geistigen Natur der Seele ergibt. Aristoteles hat sie bereits klar gesehen: Die Denkseele, so sagt er, scheint „von außen hineinzukommen"[133]. Sie hat also für Aristoteles einen übernatürlichen, göttlichen Ursprung. Ähnlich heißt es in seinem Buch über die Seele: „Der Geist scheint aber als eine bestimmte Substanz in uns hineinzugelangen und nicht zu vergehen."[134] Diese Einsicht hat weiter Bestand, denn wie wir bei der Diskussion materialistischer Auffassungen gesehen haben, ist die sogenannte Emergenz des Mentalen bzw. des Geistigen aus materiellen Ursachen unmöglich.

Ausgehend von der erlebten Einzigartigkeit der menschlichen Persönlichkeit argumentiert der Neurophysiologe John Eccles für ihren übernatürlichen Ursprung. Wären wir nur ein

Produkt unserer Gene, so die Schlussfolgerung, könnte es wegen der Endlichkeit der genetischen Kombinationen vollständig identische Doppelgänger von uns geben. Während das Gehirn durchaus genetisch determiniert sein könne, erfordere daher die erlebte Einzigartigkeit des Ich dessen übernatürliche Schöpfung.[135]

Thomas von Aquin hat im Grunde einen frühen Beweis gegen Emergenztheorien geführt, indem er darauf hinweist, „dass die geistige Seele das gesamte Vermögen der Materie übersteigt, da sie [...] eine Tätigkeit ohne Materie hat". Sie ist selbst nicht materiell und kann daher nicht aus Materie entstehen. Notwendig müsse man schließen, dass sie von Gott aus nichts erschaffen wird.[136]

In diesem Zusammenhang wurde in der mittelalterlichen Philosophie ausführlich diskutiert, was Prinzip der Individuation ist, wie sich also dieser eine bestimmte Mensch vom allgemeinen Artbegriff Mensch unterscheidet. Für Thomas von Aquin ist es im Anschluss an Aristoteles die Materie, in der die Artnatur vervielfältigt wird. Dann ist allerdings schwierig zu verstehen, wie die individuelle Seele nach dem Vergehen des Leibes als individuelle bestehen bleiben kann. Der arabische Philosoph Averroës hat entsprechend konsequent angenommen, dass es nur eine Menschheitsseele gibt, in der die individuelle Seele sich mit dem Tod auflöst. Diese Denkschwierigkeit wurde in der Folge durch den bedeutenden spanischen Spätscholastiker Francisco Suárez (1548–1617) gelöst. Man müsse, so sagt er, eine eigene Individualdifferenz der Geistseele annehmen, die sie von der Art unterscheidet auch ganz unabhängig von der Verbindung mit dem Leib, „denn Peter und Paul unterscheiden sich eher deshalb nummerisch untereinander, weil sie nummerisch verschiedene Seelen haben, als weil sie verschiedene Körper haben. [...] Ein Mensch gilt nämlich schlechthin nicht nur dem Scheine nach, sondern auch der Wahrheit nach als derselbe, der nummerisch dieselbe Seele hat, mag auch der Leib gewandelt sein. Der Grund ist aber, dass die Form schlechthin das Konstitutiv der Art und ähnlich diese Form als Konstitutiv dieses Individuums unter einer so beschaffenen Art gilt"[137]. Auch die Eigenwirklichkeit und der Reichtum des geistigen Lebens der Seele, die weit über ihre den Leib formierende Rolle hinausreichen, weisen darauf hin.[138]

Was können wir über das Leben nach dem Tod sagen?

Als gesichert lässt sich nach dem Bisherigen ein Weiterleben der substanziellen und individuellen Geistseele über den leiblichen Tod hinaus annehmen. Was aber bedeutet das für uns? Auf diese brennende Frage haben wir noch keine Antwort. Wir kommen damit an die Grenze der philosophischen Möglichkeiten. Nur sehr vorsichtig und mit großer Zurückhaltung kann man sich dem annähern. Allein die Mystik gibt davon eine kaum sprachlich vermittelbare Vorerfahrung. Philosophie muss sich darauf beschränken, ausgehend von dem, was der Mensch wesenhaft ist, tastend über die Grenze des Todes hinauszudenken. Sie ist kein Ersatz für die religiöse Offenbarung.

Die erste Frage, die sich stellt, ist die nach unserem bewussten Erleben. Wird es fortdauern oder wird unser Zustand nach dem Tod wie ein ewiger Schlaf sein, eine Halbexistenz in einem Schattenreich nach den Vorstellungen der alten Mythen? Wir müssen ja feststellen, dass die Geistseele auch in ihrem verleiblichten Zustand nicht immer bewusst ist: Wir schlafen, sind ohnmächtig oder in Narkose, und doch besteht die Seelensubstanz währenddessen fort. Sinn unserer jenseitigen Existenz muss aber die liebende Nähe zu Gott sein, die Notwendigkeit einer letzten Rechenschaftslegung und das Erreichen des endgültigen Ziels unserer Möglichkeiten. Das alles ist undenkbar in einem bewusstlosen Zustand. Sind wir von Gott gewollt und geschaffen, so will er unsere letzte Vollendung als Person, die wir nur als bewusstes Sein finden können.

Die zweite Frage ist die nach dem Zustand der Geistseele, wenn sie vom Leib getrennt ist. Wie wird das unsere bewusste geistige Existenz verändern? Die Person ist ja nur in Einheit mit dem Leib voll und ganz Person, wie auch Thomas von Aquin betont. Allerdings ist der Bezug der Geistseele zum Leib ein Vermögen der Seele selbst, denn die Seele formiert den Leib. Sie ist auf den Leib hingeordnet. Dieses formierende Vermögen der Seele bleibt nach dem Tod in der Geistseele erhalten und kann die Grundlage sein für einen geistigen Leib. Ein solcher geistiger Leib ist nicht an die Begrenzungen der physischen Welt gebunden. Er könnte das Medium für einen viel unmittelbareren Ausdruck und ein viel direkteres Erfahren sein, eine Unmittelbarkeit, von der vielleicht telepathische Phänomene eine Ahnung geben können. Für Hedwig Conrad-Martius ist es daher „sehr wahrscheinlich, dass das leibfreie Seelenselbst noch eine Art – sagen wir, und das ist schließlich sehr eigentlich gemeint – ätherischen Erscheinungsleibes besitzt bzw. behält; denn derselbe lag schon im irdisch physischen Leib verborgen. In ihm könnte das Affektleben nach dem Tode in einer so weitgehenden und radikalen Weise seinen Ausdruck finden und völlig transparent werden, von der wir uns, eingesperrt in unseren physischen Leib, kaum eine Vorstellung zu machen fähig sind"[139]. Auch die Bibel spricht im ersten Korintherbrief von diesem Verklärungsleib: „Gesät wird ein irdischer Leib, auferweckt ein überirdischer Leib." (1 Korinther 15,44). Es ist notwendig, dass die Seele diese Bewusstheit und Offenheit hat, damit sie an ihr Ziel gelangen kann. Allerdings – und das ist für Thomas von Aquin ein entscheidender Punkt – bleibt die vom Leib geschiedene Seele unvollkommen. Dies ist der theologische Sinn der Auferstehung am Ende der Zeiten, wie sie die Theologie lehrt. Dann erst wird der Mensch mit dem Auferstehungsleib vollständig wiederhergestellt zusammen mit einer Verklärung der gesamten Schöpfung, „damit Gott herrscht über alles und in allem" (1 Korinther 15, 28). Dazu aber kann die Philosophie nichts sagen. Philosophisch klar ist nur, dass auch ein solcher Auferstehungsleib ein Geistleib sein muss, denn selbst Gott kann die Atome, aus denen unser irdischer, verwester Leib zusammengesetzt war, nicht wieder zusammenklauben, können sie doch durch andere Leiber hindurchgegangen sein. Auch ist unser physischer Leib ständiger Änderung unterworfen, sodass die sich durchhaltende Identität von den leibformierenden Möglichkeiten der Seele bestimmt wird, worauf auch Joseph Ratzinger (Papst emeritus Benedikt XVI.) hinweist: „Leib, und zwar identischer Leib, ist das, was die Seele sich als ihren körperlichen Ausdruck baut. Gerade weil die Leiblichkeit nun so unlösbar zum Menschen gehört, wird die Identität der Leiblichkeit nicht von der Materie, sondern von der Seele her bestimmt."[140]

Die dritte Frage ist die nach der Art des geistigen Lebens unserer fortdauernden Geistseele. Es ist, wie gezeigt, ein bewusstes Sein mit einer viel größeren Weite und Unmittelbarkeit des Erkennens. Damit wird ein Reifen zur Vollendung möglich, da

Zeitlichkeit immer auch Abschneiden von Möglichkeiten oder vergebliches Abmühen an den Begrenzungen der physischen Welt ist. Das irdische Leben ist immer zu kurz für das, was wir sein sollen. Man darf hoffen, dass dieses Ausbergen unvollendeter Möglichkeiten auch denen zuteil wird, die viel zu früh, vielleicht schon bei der Geburt oder noch vorher, gestorben sind. Das klarere Erkennen in unserer entleiblichten Existenz muss sich aber notwendig auch auf uns selbst richten und auf unsere Fehler und Verfehlungen. Es ist ein sehr schmerzhafter Prozess, wenn wir uns ohne Selbsttäuschung und Verdrängung gänzlich unverstellt so sehen, wie wir es im Leben nie gekonnt haben. Das ist es, was die Theologie mit ihrer Lehre vom *Fegefeuer* meint. Wir durchlaufen damit eine Phase der seelischen Läuterung, die uns erst vollständig öffnet für die beglückende Schau des Weltgrundes, also Gottes, wenn wir uns dem nicht selbst verschließen.

Diese *beseligende Schau*, die *visio beatifica*, ist das letzte Ziel auf das unsere geistige Existenz ausgerichtet ist. Es ist ein zeitloser Zustand der Glückseligkeit, für den die Menschen vergeblich Beschreibungen suchen. Dabei entwertet der Blick auf die jenseitige Erfüllung nicht unser irdisches Leben, im Gegenteil, wie Karl Rahner sagt, ist der Tod das Ereignis, „das die ganze personale Lebenstat des Menschen in die eine Vollendung einsammelt"[141]. Das irdische Leben erhält sein Gewicht und seinen Ernst vom ewigen her, das ewige nimmt das irdische vollendend in sich auf.

Wir dürfen also begründet hoffen, sage ich vorsichtig, dass der Tod tatsächlich für uns Licht und letzte Erfüllung sein wird und nicht etwa Finsternis und Nichts.

Statt eines Schlusswortes

„Ein Friedhof betrübt uns nur, weil er der einzige Ort auf der Welt ist, an dem wir unsere Toten nicht wiederfinden. Überall sonst tragen wir sie mit uns. Wir müssen nur die Augen schließen, um den Atem im Rücken zu spüren, die treue Hand auf unserer Schulter. Das Haus, der Garten erinnert sich ihrer auch: Der Sessel meiner Mutter hat noch das durchgesessene Polster; der Stoff ist abgenutzt, wo sie sich auf die Armlehne stützte. Unsere vertraute Umgebung vervielfältigt die Bilder derer, die in uns weiterleben.

Auf dem Friedhof meinen wir, dass man sich vom eigenen Herz abwenden muss, in dem doch unsere Toten leben, um sie außer uns zu suchen, auf der Erde, in der Erde, wo in endgültige Auflösung übergeht, was mit ihnen nichts mehr zu tun hat. Denn ein Leichnam ist seiner Natur nach Abwesenheit, etwas Zurückgelassenes, Aufgegebenes, schlussendlich eine leere Hülle. In die furchtbare Verzweiflung angesichts des Todes mischt sich der Eindruck einer Täuschung: Jener, den wir lieben, ist da und er ist nicht mehr da. Er ist aus sich selbst entwichen und hat bei seiner Flucht in unseren Armen diesen Teil seiner Existenz hinterlassen, den allein sichtbaren, den allein berührbaren, der jedoch keine Ähnlichkeit mehr hat mit dem einzigen – leider –, den wir lieben können.[...]

Absurd zu glauben, dass wir diesem Anteil des geliebten Wesens, der uns nicht wiedergegeben wird, am Tag der Tage nachtrauern werden, an dem sein sterblicher Leib verklärt wird zur

Unsterblichkeit: alle Trauer ist unvorstellbar im Reich der voll-
kommenen Freude."
(Auszug aus *Allerseelen* von François Mauriac, Übersetzung des
Autors)[142]

Anmerkungen

Jahreszahlen in eckigen Klammern verweisen auf das Literaturverzeichnis.

1 Müller [2011] und Seifert [1989], S. 235–255
2 Müller [2011], S. 3
3 Conrad-Martius [1963], Bd. 1, S. 329
4 Kübler-Ross, E.: Reif werden zum Tode. Stuttgart, 1975, S. 38.
5 Mindel. A.: Coma: The Dreambody near Death. London, 1994.
6 Landsberg [1973], S. 98
7 Philippe Rochat und Dan Zahavi: Der unheimliche Spiegel. Eine Neubewertung der Spiegel-Selbsterfahrungsexperimente als Test für das Vorliegen von begrifflichem Selbstbewusstsein. Deutsche Zeitschrift für Philosophie. 62, 5, 2014.
8 Scheler [2008], S. 33
9 Ebd., S. 40
10 Rahner [1984], S. 55
11 R. Allen Gardner and Beatrice T. Gardner: Teaching Sign Language to a Chimpanzee. Science, 165, 3894, 1969, S. 664–672.
12 Scheler [1986], S. 37f.
13 Ebd., S. 47
14 François Mauriac: Le nœud de vipères. Paris, 1933, S. 128f. (Übersetzung des Autors).
15 Landsberg [1973], S. 29
16 Grupe, G. u. a.: Anthropologie. Berlin, 2012, S. 74 und Abstracts zur Konferenz „Mesolithische Bestattungen, Riten, Symbole und soziale Organisation früher postglazialer Gemeinschaften. Landesmuseum für Vorgeschichte Halle (Saale), 18.–21. September 2013.
17 Gottfried Benn: Sämtliche Werke. Bd. 1, Stuttgart 1986.
18 Hans Findeisen: Schamanentum. Stuttgart, 1957, S. 193.
19 Kant [1976], S. 38, 52, 103f., 107f.
20 Marcel, G.: En chemin vers quel éveil? Paris, 1971, S. 100–111.
21 Parnia, S. u. a.: AWARE – AWAreness during REsuscitation – A prospective study. In: Resuscitation, 85, 12, 2014, S. 1799–1805.
22 Ewald [2009], S. 87–98
23 Borgjigin, J. u. a.: Surge of neurophysiological coherence and connectivity in the dying brain. In: Proceedings of the National Academy of Sciences of the United States of America. 110, 35, 2013, S. 14432–14437.
24 Ausführlich zur Mystik: Sommer [2013]

25 Ewald [2009], S. 101f.

26 Hume [1869], VII, II, 70

27 Hume [1734]: Das Ich ist nur „a bundle or collection of different perceptions, which succeed each other with an inconceivable rapidity, and are in
a perpetual flux and movement". Es existiert nur, solange es bewusst ist: „I
never can catch myself at any time without a perception, and never can ob-
serve anything but the perception. When my perceptions are removed for
any time, as by sound sleep; so long am I insensible of *myself*, and may tru-
ly be said not to exist." Sec. VI

28 David Hume: Dialoge über natürliche Religion. Über Selbstmord und Unsterblichkeit der Seele. Leipzig, 1905, S. 163.

29 Kant [1956], S. 20

30 Ebd., S. 155b

31 Ebd., S. 550

32 Ebd., S. 538

33 Kant [1995], Kap 26, IV

34 Husserl [1968], Bd. 1, S. 86

35 Ich folge hier Hirschberger [1955]

36 Ich folge hier den Darstellungen von de Vries [1937], Kälin [1957] und Berning [2007]

37 Epikur: Philosophie der Freude. Eine Auswahl aus seinen Schriften. Stuttgart, 1949, S. 91f.

38 Julien Offray de La Mettrie: Der Mensch eine Maschine. Berlin 1875, Kapitel 2.

39 Jacob Moleschott: Der Kreislauf des Lebens. Bd. II., Gießen, 1887, S. 559.

40 Engels [1961], S. 54

41 Ebd., S. 191, 314

42 Bloch [1985], S. 1379f.

43 Bloch [1977], S. 475, 20

44 Bloch [1985], S. 1383

45 Ebd., S. 1383f.

46 Bloch [1977], S. 446, 478, 448, 472, 377

47 Seifert [1989], S. 65

48 Husserl [1968], S. 363–425

49 Nagel [1974], S. 436 (Übersetzung des Autors)

50 Schell [1896], S. 449–451

51 Jonas [1981]

52 Driesch [1923], S. 59–78

53 Kutschera [2009] und [2012]

54 Kutschera [2012], S. 1372

55 Vertreter sind u. a. Gerhard Vollmer und Konrad Lorenz.

56 Leibniz (1998), S. 19 (§ 17)

57 Für Kant ist es „erlaubt, mitten im Laufe der Welt verschiedene Reihen, der Kausalität nach, von selbst anfangen zu lassen, und den Substanzen derselben ein Vermögen beizulegen, aus Freiheit zu handeln." Er zeigt das in der dritten Antinomie der Kritik der reinen Vernunft. Kant [1956], S. 464

58 Kutschera [2009], S. 221

59 Popper/Eccles [1982], S. 85

60 Schnabel, U.: Die große Neuro-Show. Was wurde aus der Hirnforschung? Wissenschaftler ziehen Bilanz. Sie fällt dürftig aus. Die Zeit, 9, 2. März 2014.

61 Seager [2013]

62 Spinoza [1842], Erster Teil / Von Gott, Definitionen

63 Ebd., Zweiter Teil, Anmerkung zum Folgesatz des 7. Lehrsatzes

64 Spinoza [1959], S. 131

65 Russell [1929], S. 425 und 412ff.

66 Alle Zitate aus Leibniz [1998]

67 Schopenhauer [2002], Ergänzungen, S. 575

68 Ebd., S. 547f.

69 Whitehead [1979], Zitate und Verweise aus Teil 1, Kapitel 1–3, S. 31–88

70 Ebd., S. 38, 62, 79, 626

71 Ebd., S. 75, 203, 208, 229, 25

72 Ebd., S. 626 und 625

73 Brüntrup [2010], S. 263, 265

74 Ebd., S. 264: „Nehmen wir an, Gott dekretierte: Es soll eine Person entstehen, deren Erste-Person-Perspektive auf die Welt *genau so ist wie die des gerade Verstorbenen*. In diesem Fall wäre Gott zwar kausal notwendig für das Entstehen des Nachfolgers, nicht aber kausal hinreichend. Denn wie die Erste-Person-Perspektive auf die Welt des Verstorbenen aussah, ist eine Tatsache, die nicht direkt von Gott festgelegt wurde, sondern von eben der Person, die verstarb. In gewissem Sinne wird der Faden der Persistenz jetzt also tatsächlich ‚durch' Gott gewährleistet."

75 Brüntrup [2012], S. 151

76 Fechner, G.T.: Nana oder über das Seelenleben der Pflanzen. Leipzig, 1922, S. 7 und 34.

77 Hegel [1970a], S. 24

78 Heinrich Heine: Zur Geschichte der Religion. Werke in 5 Bänden, Berlin und Weimar, 1991, Bd. 5, S. 113.

79 Fichte [1834], S. 158

80 Fichte [1925], S. 268 und 282f.

81 Ich folge hier der Darstellung in meinem Buch *Der philosophische Reiseführer*: Sommer [2005]

82 Schelling [1842], S. 81f.

83 Zitate und Verweise aus Schelling [1983], S. 129, 72, 71, 130, 126

84 F.W.J. Schelling: Clara oder über den Zusammenhang der Natur mit der Geisterwelt. In: Sämtliche Werke, Abt. I/9, 1856, S. 100.

85 Hegel [1841], entsprechend auch in Hegel [1970], § 87

86 Lakebrink [1968], S. 56

87 Hegel [1970], Der Tod des Individuums aus sich selbst, § 376, Zusatz

88 Scheler [2008], S. 43

89 Seifert [1989], S. 178

90 Hartmann [1964]

91 Lakebrink [1968], S. 250

92 Schelling [1842], S. 82f.

93 Heidegger [1972], S. 263

94 Zitate und Bezüge aus Sartre [1993], S. 74, 85, 81, 180, 1061, 550, 929, 334, 659

95 Siehe zu Sartre mein Buch *Revolte und Waldgang – Die Dichterphilosophen des 20. Jahrhunderts*, Sommer [2011]

96 Siehe zu Albert Camus mein Buch *Revolte und Waldgang – Die Dichterphilosophen des 20. Jahrhunderts*, Sommer [2011]

97 Ein von Kutschera [2009], S. 184, gegen Berkeley verwendetes Bild.

98 Platon [2010], Bd. 1., S. 797, 765, 761, 719

99 Zitate und Bezüge aus Descartes [1996], Artikel 6, [1870a], S. 105, [1996], Artikel 10, 31 und 34, [1870a], S. 29, 110, 101, 17, [1870b], I, Nr. 51

100 Eccles in: Popper / Eccles [1982], Zitate und Bezüge aus S. 428–452

101 Ebd., S. 655: „So könnte es einen zentralen Kern geben, das innerste Selbst, das den Tod des Gehirns überlebt, um eine andere Existenz anzunehmen, die ganz jenseits irgendetwas, das wir uns vorstellen können, liegt."

102 John. C. Eccles: Do Mental Events Cause Neural Events Analogously to the Probability Fields of Quantum Mechanics? In: Proceedings of the Royal Society of London, Series B, Biological Sciences, Vol. 227, Issue 1249, 1986, S. 411–428.

103 Vergl. Seifert [1989] S. 174–179, Scheler [1954]

104 Sartre [1993], S. 572 und 576

105 Hegel [1970], § 411

106 Scheler [1986], S. 46

107 Scheler [1954], S. 395, 393f.

108 Vergl. Seifert [1989], S. 174–179

109 Scheler [1986], S. 47

110 Rahner [1984], S. 41 und 38

111 Schneider [2000], Bd. 2, S. 461f.

112 Martin Buber, M.: Ich und Du. Heidelberg, 1997, S. 76.

113 Siehe zu Gabriel Marcel mein Buch *Revolte und Waldgang – Die Dichterphilosophen des 20. Jahrhunderts*, Sommer [2011]

114 Marcel [1961], S. 4

115 Marcel [1961a], S. 302

116 Marcel [1952], S. 476

117 Ratzinger [2012], S. 243, 238, 359, 274, 160f., 187, 383

118 Z. B. Paul Althaus: Die letzten Dinge. Lehrbuch der Eschatologie. Gütersloh, 1964.

119 Ratzinger [2012], S. 98

120 Vergl. Aristoteles [2013 und 1876], VII Buch Z; Seifert [1989], S. 111–144 und Kälin [1957], S. 109–119

121 Scheler [1954], S. 382

122 Russel [1929], S. 256

123 Nicolai Hartmann: Der philosophische Gedanke und seine Geschichte. Stuttgart, 1957, S. 113

124 Brüntrup [2010], S. 248

125 Aristoteles [2013], 1041b, 10–20, S. 205f. Klarheit in dieser Frage verdanke ich dem Betrag von Anna Marmodoro [2013] zur Diskussion der neo-aristotelischen Ansätze.

126 Aristoteles [2011], S. 61, 55, 67

127 Thomas von Aquin [2001], Bd. 2, Kap. 68, S. 291ff.

128 Ebd. Bd. 2, Kap. 68, S. 303

129 Thomas von Aquin [1886–1892], Kap. 76, 1,c,IV

130 Thomas von Aquin [2001], Bd. 2, 199, 203, 215, 235, 237, 293, 371

131 Ebd., S. 223

132 Seifert [1989], S. 276

133 Aristoteles: Fünf Bücher von der Zeugung und Entwicklung der Tiere. Werke, Bd. 3, Leipzig, 1860, S. XXf

134 Aristoteles [2011], S. 41

135 Popper / Eccles [1982], S. 658

136 Thomas von Aquin [2001], Kap. 86 und 87

137 Suárez [1976], S, 247

138 Vergl. dazu Seifert [1989], S. 221ff.

139 Conrad-Martius [1949], S. 121. Karl Rahner [1958], S. 25f., spricht vom „In-Beziehung-Bleiben und -Treten mit allem", wobei aber seine Ausführungen durch einen unklaren Seelenbegriff belastet sind.

140 Ratzinger [2012], S. 185

141 Rahner [1958], S. 63

142 François Mauriac: Journal 1932–1939. Paris, 1947, S. 40, 44.

Literatur

Ambrosius von Mailand: Der Tod ein Gut. Freiburg, 1992.

Aristoteles: Über die Seele. Stuttgart, 2011.

Aristoteles: Metaphysik. Stuttgart, 2013.

Aristoteles: Kategorien oder Lehre von den Grundbegriffen. Leipzig, 1876.

Berning, V.: Die Idee der Person in der Philosophie. Paderborn, 2007.

Bloch, E.: Das Materialismusproblem. Frankfurt a. M., 1977.

Bloch, E.: Das Prinzip Hoffnung. Bd. 1–3, Frankfurt a. M., 1985.

Brüntrup, G.: Das Leib-Seele-Problem. Stuttgart, 2012.

Brüntrup, G.: 3,5-Dimensionalismus und Überleben: ein prozess-ontologischer Ansatz. In: Brüntrup, G. u. a. (Hrsg.): Auferstehung des Leibes – Unsterblichkeit der Seele. Stuttgart, 2010.

Conrad-Martius, H.: Schriften zur Philosophie. Bd. 1–3, 1963–1965.

Conrad-Martius, H.: Bios und Psyche. Hamburg, 1949.

Engels, F.: Dialektik der Natur. Berlin, 1961.

Descartes, R.: Untersuchungen über die Grundlagen der Philosophie, Meditationes de prima philosophia, Berlin, 1870a.

Descartes, R.: Prinzipien der Philosophie, Principia philosophiae. Berlin, 1870b.

Descartes, R.: Die Leidenschaften der Seele, Les passions de l'âme. Hamburg, 1996.

De Vries, J: Materie und Geist. München, 1970.

De Vries, J.: Denken und Sein. Ein Aufbau der Erkenntnistheorie. Freiburg, 1937.

Driesch, H.: Leib und Seele. Eine Untersuchung über das psychophysische Grundproblem. Leipzig, 1923.

Ewald, G.: Nahtoderfahrungen. Hinweise auf ein Leben nach dem Tod? Kevelaer, 2009.

Fichte, J.G.: Wissenschaftslehre. Nachgelassene Werke, Bd. 2, Bonn, 1834.

Fichte, J.G.: Bestimmung des Menschen und Anweisung zum seligen Leben. Berlin, 1925.

Hartmann, N.: Der Aufbau der realen Welt: Grundriss der allgemeinen Kategorienlehre. Berlin 1964.

Hegel, G.F.W.: Phänomenologie des Geistes. Frankfurt a. M., 1970a.

Hegel, G.F.W.: Wissenschaft der Logik. Berlin, 1841.

Hegel, G.F.W.: Enzyklopädie der philosophischen Wissenschaften, Werke, Bd. 8, Frankfurt a. M., 1970.

Heidegger, M.: Sein und Zeit. Tübingen, 1972.

Heinzmann, R.: Anima unica forma corporis – Thomas von Aquin als Überwinder des platonisch-neuplatonischen Dualismus. Philosophisches Jahrbuch im Auftrag der Görres-Gesellschaft. 93, 1986, S. 236–259.

Hirschberger, J.: Geschichte der Philosophie. Bd. 1–2, Freiburg, 1955.

Hume, D: Treatise of Human Nature. London, 1734.

Hume, D.: Eine Untersuchung über den menschlichen Verstand. Berlin, 1869.

Husserl, E.: Logische Untersuchungen. Bd. 1–3, Tübingen, 1968.

Jonas, H.: Macht und Ohnmacht der Subjektivität. Frankfurt a. M., 1981.

Kant, I.: Träume eines Geistersehers. Stuttgart, 1976.

Kant, I.: Kritik der reinen Vernunft. Hamburg, 1956.

Kant, I.: Kritik der praktischen Vernunft. Stuttgart, 1995.

Kälin, B.: Lehrbuch der Philosophie. Paderborn, 1957.

Kutschera, F.v.: Fünf Gründe, kein Materialist zu sein. Deutsches Jahrbuch Philosophie, 2012, 4, 1347–1377.

Kutschera, F.v.: Philosophie des Geistes. Paderborn, 2009.

Lakebrink, B.: Hegels dialektische Ontologie und die thomistische Analektik. Ratingen, 1968.

Landsberg, P.: Die Erfahrung des Todes. Berlin, 1973.

Leibniz, G.W.: Monadologie. Stuttgart, 1998.

Marc Aurel: Selbstbetrachtungen. Stuttgart, 1967.

Marcel, G.: Gegenwart und Unsterblichkeit. Frankfurt a. M., 1961a.

Marcel, G.: Geheimnis des Seins. Wien, 1952.

Marcel, G.: Das ontologische Geheimnis. Stuttgart, 1961.

Marmodoro, A.: Aristotle's hylomorphism without reconditioning. Philosophical Inquiry, 36, 1–2, 2013, S. 5–22.

Müller, S.: Wie tot sind Hirntote? Alte Fragen – neue Antworten. Bundeszentrale für politische Bildung. www.bpb.de, 9. 6. 2011.

Nagel, T.: What is it like to be a bat? In: The Philosophical Review, LXXXIII, 4, October 1974, S. 435–450.

Pieper, J.: Tod und Unsterblichkeit. München, 1968.

Platon: Sämtliche Werke. Bd. 1–3, Darmstadt, 2010.

Plessner, H.: Die Stufen des Organischen und der Mensch. Berlin, 1975.

Popper, K.R.; J.C. Eccles: Das Ich und sein Gehirn. München, 1982.

Rahner, K.: Zur Theologie des Todes. Freiburg i. Br., 1958.

Rahner, K.: Grundkurs des Glaubens. Einführung in den Begriff des Christentums. Freiburg i.B., 1984.

Ratzinger, J. (Papst emeritus Benedikt XVI.): Auferstehung und ewiges Leben. Beiträge zur Eschatologie und zur Theologie der Hoffnung. Freiburg, 2012.

Russell, B.: Philosophie der Materie. Leipzig, 1929.

Sartre, J.P.: Das Sein und das Nichts. Versuch einer phänomenologischen Ontologie. Reinbek, 1993.

Scheler, M.: Der Formalismus in der Ethik und die materiale Wertethik. Gesammelte Werke, Bd. 2, Berlin, 1954.

Scheler, M.: Tod und Fortleben. In: Schriften aus dem Nachlass. Bd. 1, Bonn, 1986.

Scheler, M.: Die Stellung des Menschen im Kosmos. In: Späte Schriften. Bonn, 2008.

Schell, H.: Gott und Geist. Paderborn, 1896.

Schelling, F.W.J.: Bruno oder über das göttliche und natürliche Prinzip der Dinge: ein Gespräch. Berlin, 1842.

Schelling, F.W.J.: Über das Wesen der menschlichen Freiheit. Stuttgart, 1983.

Schneider, T.: Handbuch der Dogmatik. Bd. 1 und 2, Düsseldorf, 2000.

Schopenhauer, A.: Die Welt als Wille und Vorstellung. Bd. 1 und 2, München, 2002.

Seager, W.; S. Allen-Hermanson: Panpsychism. In: The Stanford Encyclopedia of Philosophy (Fall 2013 Edition), Edward N. Zalta (ed.), plato.stanford.edu.

Seifert, J.: Das Leib-Seele-Problem und die gegenwärtige philosophische Diskussion. Darmstadt, 1989.

Sommer, H.: Der philosophische Reisführer. Darmstadt, 2005.

Sommer, H.: Revolte und Waldgang. Die Dichterphilosophen des 20. Jahrhunderts. Darmstadt, 2011.

Sommer, H.: Die bedeutendsten Mystiker. Wiesbaden, 2013.

Spinoza, B. de: Kurze Abhandlung von Gott, dem Menschen und dem Glück. Hamburg, 1959.

Spinoza, B. de: Ethik. Stuttgart, 1842.

Suárez, F.: Über die Individualität und das Individuationsprinzip. Fünfte metaphysische Disputation. Hamburg, 1976.

Thomas von Aquin: Summa contra gentiles. Bd. 1–4, Darmstadt, 2001.

Thomas von Aquin: Summe der Theologie. Bd. 1–12, Regensburg, 1886–1892.

Whitehead, A.N.: Prozess und Realität. Entwurf einer Kosmologie. Frankfurt a. M., 1979. (engl. Process and Reality. New York, 1979).

Namens- und Stichwortverzeichnis

topos taschenbücher

Herbert Vorgrimler

Und das ewige Leben. Amen

Christliche Hoffnung über den Tod hinaus

108 Seiten

Band 884
ISBN 978-3-8367-0884-5

www.topos-taschenbuecher.de

topos taschenbücher

Wolfgang Beinert

Tod und jenseits des Todes

140 Seiten

Band 355
ISBN 978-3-8367-0355-0

www.topos-taschenbuecher.de